TRAINING Grundwissen
DEUTSCH

Thorsten Zimmer

Aufsatz 5./6. Klasse

STARK

ISBN: 3-89449-304-6

D-85318 Freising · Postfach 1852 · Tel. (08161) 1790

Inhalt

(Fortsetzung siehe nächste Seite)

Autor: Thorsten Zimmer
Illustrator: Robert Platzgummer

Vorwort an die Schüler

Liebe Schülerin, lieber Schüler,

der Wechsel von der Grundschule zur 5. Klasse hat dir sicherlich eine Fülle von Eindrücken beschert. Andere Mitschülerinnen und Mitschüler, viele Lehrkräfte, große Gebäude und neue Schulfächer haben wohl deine Gedanken in den ersten Tagen bestimmt. Manches davon wird dir viel Freude bereitet haben, anderes sicherlich auch die ein oder andere Schwierigkeit.

Ein beruhigender Gedanke in dieser Zeit kann vielleicht die Feststellung sein, dass der **Deutschunterricht in den Klassen 5 und 6** im Grunde genommen an das anknüpft, was du schon in der Grundschule gelernt hast. Manches wird zwar verfeinert und etwas ausführlicher behandelt, völlig neue Themen kommen allerdings nicht vor.

Der vorliegende Trainingsband orientiert sich genau an dieser Situation. Ein Blick ins **Inhaltsverzeichnis** wird dir schnell zeigen, dass du viele der Aufsatzformen bereits kennst: Das Erzählen von erlebten und erfundenen Geschichten, das Erzählen zu einer Bildergeschichte oder die Beschreibung von Vorgängen, Tieren und Personen hast du bestimmt in der Grundschule schon geübt. Andere Aufsatzformen, etwa der Unfallbericht, die Vorgangsbeschreibung oder das Schreiben von Briefen, sind dir vielleicht etwas weniger vertraut – genaueres Hinschauen wird dir aber zeigen, dass du viele Regeln ebenfalls aus der Grundschule kennst.

Mit diesem Trainingsband kannst du die bekannten Regeln wiederholen und die neuen verstehen lernen. Der Aufbau der einzelnen Kapitel wird dir dabei helfen: Zunächst werden die wichtigsten **Regeln** für die einzelnen Aufsatzformen vorgestellt und an einem **Beispiel** erklärt. In den **Übungsaufgaben** kannst du diese Regeln dann Schritt für Schritt einüben. Am Ende des Buches findest du die **Lösungen** zu den Übungsaufgaben, sodass du dich selbst überprüfen und dabei dein eigener Lehrer sein kannst. Aber bitte nicht schummeln!

Ich hoffe, dass mein Buch zu deinem Unterrichtsprogramm passt, dass es dir bei der Übung für den Unterricht und die Klassenarbeiten hilft und dass du auch ein bisschen Freude beim Umgang mit den Geschichten und beim Bearbeiten der Aufgaben hast.

Thorsten Zimmer

Thorsten Zimmer

Vorwort an die Eltern

Liebe Eltern,

Begriffe wie **Lernziele, Bildungsstandards, Methodenkompetenzen und eigenverantwortliches Lernen** werden in den Diskussionen um die Anforderungen an Schule, Schüler/innen und Lehrer/innen immer wieder benutzt. Was sich dahinter konkret verbirgt, bleibt für Außenstehende oft verborgen und mag – gerade angewandt auf Kinder in den unteren Klassen der weiterführenden Schulen – eher zur Verunsicherung als zur Klärung beitragen.

Das vorliegende **Aufsatztraining** ist vor diesem Hintergrund darum bemüht, die Anforderungen, die die oben genannten Begriffe implizieren, mit den klassischen Themen des Aufsatzunterrichts in der Orientierungsstufe zu verbinden. Auf der Grundlage der Lehrpläne der verschiedenen Bundesländer, der neuen Bildungsstandards und der gängigen Lehrbücher werden in den einzelnen Kapiteln des Trainingsbandes die wesentlichen Aufsatzformen systematisch vorgestellt, ihre wichtigsten Regeln genannt und erklärt sowie Übungsaufgaben zu verschiedenen Schwerpunkten angeboten.

Die Kapitel sind dabei derart angelegt, dass das kontinuierliche Durcharbeiten ein – möglichst kurzweiliges – Training der gesamten Aufsatzformen wie auch der einzelnen dazugehörenden Regeln ermöglicht. Ein eventuell erforderliches **Einüben einzelner Schwerpunkte** wird durch die systematische und übersichtliche Gliederung der Trainingseinheiten in kurze Unterkapitel erleichtert. Mithilfe der Kurzüberschriften und des Inhaltsverzeichnisses lassen sich die verschiedenen Einzelthemen problemlos finden. Der **ausführliche Lösungsteil** fundiert das Training weiterhin und ermöglicht Ihrem Kind oder Ihnen selbst die Kontrolle und Einschätzung der eigenen Leistungen.

Mithilfe dieses Trainingsbandes wird Ihr Kind die Anforderungen des Aufsatzunterrichts in den Klassen 5 und 6 erfolgreich meistern. Ich hoffe zudem, dass das Buch der fatalistischen These, nach welcher die vom Schulfach Deutsch geforderten Kompetenzen eher „angeboren“ als systematisch erlernbar sind, etwas den Wind aus den Segeln nimmt.

Thorsten Zimmer

Erzählen

1 Worauf kommt es beim Erzählen an?

Erzähl doch mal! Sicherlich hast du diese Aufforderung schon oft in Gesprächen mit anderen Menschen gehört oder selbst geäußert. Es gibt schließlich eine Fülle von Möglichkeiten, etwas zu erzählen: Witze zum Beispiel oder andere lustige Ereignisse. Vielleicht erzählst du gerne aus dem Urlaub oder davon, was du in den Ferien zu Hause erlebt hast. Auch aus der Schule kannst du viel erzählen, Märchen kannst du erzählen und manchmal auch Lügengeschichten. Wie du siehst, ist das Erzählen eine der häufigsten Gesprächsformen in unseren alltäglichen Unterhaltungen.
So vielfältig die Möglichkeiten sind, etwas zu erzählen, eines muss dabei immer beachtet werden: Der **Zuhörer** sollte möglichst am Geschehen der Erzählung beteiligt werden, du willst ihn ja schließlich nicht langweilen.

Aufgabe 1 Schau dir die drei abgebildeten Erzählsituationen an und überlege, was hier gerade erzählt werden könnte.

1.1 Grundlagen des Erzählens

„Eine Erzählung ist eine mündliche oder schriftliche Darstellung von wirklichen oder erdachten Geschichten", schreibt ein Lexikon.

Erzählen: Grundlagen

- Erzählen kannst du von den verschiedensten Sachen, von **eigenen Erlebnissen,** aber auch von **Erfundenem.**
- Eigentlich wird Erzähltes **mündlich** vorgetragen, du kannst Erzählungen – z. B. Märchen, Witze, besondere persönliche Erlebnisse – aber auch **aufschreiben.**
- Beim Erzählen musst du darauf achten, dass du den **Zuhörer / Leser** nicht langweilst und ihn mit in das Geschehen einbeziehst.

Beispiel

Lisa hat furchtbare Angst vor Spinnen. Wenn sie weit genug weg sind, können sie allerdings für lustige Geschichten sorgen. Lisa erzählt …

Heute Vormittag ist in der Schule etwas Lustiges passiert. Wir hatten in der dritten Stunde Mathe bei Herrn Zahlmann. Der war heute etwas sauer, weil einige ihre Hausaufgaben vergessen hatten.

Wir saßen alle ziemlich angespannt an unseren Tischen und keiner traute sich, etwas zu sagen. Herr Zahlmann rechnete an der Tafel eine Aufgabe vor und wir sollten sie noch nicht abschreiben, sondern auf den Rechenweg achten. Plötzlich fingen einige Kinder in der ersten Reihe an, leise zu flüstern und zu kichern. Wir anderen wurden immer aufmerksamer. Was war bloß der Anlass für ihr Gekicher? Wir reckten dann die Hälse immer höher, bis wir sahen, was passiert war: Eine riesige schwarze Spinne war auf das Pult gekrabbelt und saß in Herrn Zahlmanns Unterlagen. Als der Lehrer merkte, dass wir so unruhig waren, drehte er sich mit einem bösen Blick um. Wir konnten uns nun nicht mehr zurückhalten und lachten laut los. Herr Zahlmann bemerkte die Spinne in seinem Buch und schüttelte sie aus dem Fenster.

Zum Glück konnte er verstehen, warum wir gelacht haben. Er hat nicht mit uns geschimpft.

Aufgabe 2 Sicherlich stammt diese Erzählung nicht aus einem Geschichtenbuch – dafür ist sie viel zu alltäglich. Trotzdem kannst du an der verwendeten Sprache erkennen, ob Lisa die Geschichte nachmittags ihrer Freundin erzählt oder ob sie die Geschichte abends in ihr „Tagebuch für lustige Ereignisse" schreibt.
Ist Lisas Geschichte mündlich erzählt oder aufgeschrieben worden? Entscheide dich für eine der Möglichkeiten und nenne Gründe für deine Entscheidung.

1.2 Wie ist eine gute Erzählung aufgebaut?

Wenn du schnell und aufgeregt von einem Erlebnis erzählst, kann es passieren, dass du einiges durcheinander wirfst und in der falschen **Reihenfolge** erzählst. Der Zuhörer wird die Augen zusammenkneifen und verständnislos den Kopf schütteln. Vielleicht wird er sagen: „Ich versteh' nur Bahnhof" oder „Moment mal, jetzt noch einmal von vorn ...".
Damit der Zuhörer auch alles genauso versteht, wie du es selbst erlebt hast, musst du dich bei der Erzählung an einen bestimmten **Aufbau** halten.

Der Aufbau einer Erzählung

- **Einleitung:** Vorstellung der Ausgangsbedingungen
- **Hauptteil:** spannendes Erzählen des Vorfalls/Ereignisses in richtiger zeitlicher Reihenfolge
- **Schluss:** Abrundung des Hauptteils

Beispiel Lisas Erzählung von der Spinne im Matheunterricht hält sich an diese Vorgaben. Wie die Geschichte aufgebaut ist, siehst du an der Beschriftung am Rand:

Einleitung
Heute Vormittag ist in der Schule etwas Lustiges passiert. Wir hatten in der dritten Stunde Mathe bei Herrn Zahlmann. Der war heute etwas sauer, weil einige ihre Hausaufgaben vergessen hatten.

Hauptteil
Wir saßen alle ziemlich angespannt an unseren Tischen und keiner traute sich, etwas zu sagen. Herr Zahlmann rechnete an der Tafel eine Aufgabe vor und wir sollten sie noch nicht abschreiben, sondern auf den Rechenweg achten. Plötzlich fingen einige Kinder in der ersten Reihe an, leise zu flüstern und zu kichern. Wir anderen wurden immer aufmerksamer. Was war bloß der Anlass für ihr Gekicher? Wir reckten dann die Hälse immer höher, bis wir sahen, was passiert war: Eine riesige schwarze Spinne

war auf das Pult gekrabbelt und saß in Herrn Zahlmanns Unterlagen. Als der Lehrer merkte, dass wir so unruhig waren, drehte er sich mit einem bösen Blick um. Wir konnten uns nun nicht mehr zurückhalten und lachten laut los. Herr Zahlmann bemerkte die Spinne in seinem Buch und schüttelte sie aus dem Fenster.

Zum Glück konnte er verstehen, warum wir gelacht haben. Er hat nicht mit uns geschimpft. *Schluss*

Aufgabe 3 Lisa hat noch eine Geschichte auf Lager. Ob sie sich dabei auch wieder an den richtigen Aufbau hält? Markiere im Text Einleitung, Hauptteil und Schluss. Schreibe die Einteilung rechts an den Rand.

Einen Tag später hatten wir wiederum Unterricht bei Herrn Zahlmann. Diesmal in der zweiten Stunde. Wir waren alle gespannt, ob er wohl noch etwas zu dem Vorfall mit der Spinne sagen würde. Zuerst benahm er sich ganz normal und prüfte streng die Hausaufgaben. Danach begann er ein paar Aufgaben an die Tafel zu schreiben, die wir ins Heft übertragen sollten. Plötzlich unterbrach Zahlmann seine Arbeit und blickte auf den Boden hinter dem Pult – wir konnten nicht sehen, was seinen Blick dort hinlenkte. Er bückte sich, hob langsam etwas auf und schüttelte den Kopf. Er ging mit der vorsichtig geschlossenen Faust auf Klaus zu, der in der ersten Reihe saß, und sagte: „Das ist ja ein Prachtexemplar von einer Spinne.“ Klaus hatte am Vortag sehr laut gelacht und getönt, dass man vor Spinnen keine Angst zu haben brauche. Jetzt sagte er aber kein Wort. Zahlmann stand vor ihm, öffnete die Faust und setzte einen kleinen dunklen Gegenstand auf den Tisch. Klaus schrie kurz auf. Dann begann er aber sofort zu lachen. Herr Zahlmann hatte einen Schokoladenmarienkäfer mitgebracht, dessen Beine an eine Spinne erinnerten. Jetzt lachte die ganze Klasse und Klaus durfte die Schokolade essen.

1.3 Die Einleitung

Für jeden Abschnitt (Einleitung, Hauptteil, Schluss) gibt es eigene Regeln, die bei einer guten Geschichte eingehalten werden sollten.
Den **richtigen Anfang** für eine Geschichte zu finden, ist oft der schwierigste Teil des Erzählens. Schließlich entscheidet sich hier vieles, das für den gesamten Verlauf wichtig ist. Außerdem wird der Leser aufgrund der Einleitung auch entscheiden, ob er deine Geschichte weiterliest.

Regeln für die Einleitung einer Erzählung

- Die Einleitung führt den Leser in eine Geschichte hinein, bei der er nicht selbst dabei war.
- Sie **beantwortet** wichtige **„W-Fragen“**, um zu klären, wo, wann und mit wem sich die Geschichte ereignet hat.
- Sie beantwortet aber nicht die Frage nach dem Verlauf der Handlung oder dem Ausgang der Geschichte.
- Sie enthält Formulierungen, die beim Leser **Spannung und Interesse wecken.** (Vorsicht: Nicht übertreiben, sonst wird die Einleitung unglaubwürdig und lächerlich!)

Beispiel Lisa beachtet in ihrer ersten Geschichte (Seite 2) einige dieser Regeln für die Einleitung. Eine genaue Untersuchung des Anfangs beweist dies:

Heute Vormittag ist	→ *Wann geschah das Erzählte?*
in der Schule	→ *Wo geschah das Erzählte?*
etwas Lustiges passiert.	→ *Interesse wird geweckt, das Ende nicht verraten*
Wir hatten	→ *Welche Personen waren beteiligt?*
in der dritten Stunde	→ *Wann geschah das Erzählte?*
Mathe bei Herrn Zahlmann.	→ *Welche Personen waren beteiligt?*

1.3.1 Dem Zuhörer/Leser wichtige Informationen geben

Wenn ein Zuhörer dich bittet, mit einer Erzählung „noch mal ganz von vorn“ anzufangen, dann hofft er, dass ihm bestimmte Informationen gegeben und die **Voraussetzungen** geklärt werden. Du musst ja davon ausgehen, dass er gar nicht alle Leute kennt, von denen die Rede ist, dass er nicht weiß, wann und wo etwas passiert ist. Es tut einer Erzählung sicherlich nicht gut, wenn der Zuhörer sie ständig unterbricht, um Fragen zu stellen.
Um dem Zuhörer die nötigen Informationen zu geben und spätere Zwischenfragen zu vermeiden, beantworten die meisten Erzählungen bestimmte Fragen vorneweg. Da es sich hierbei immer um dieselben Fragen handelt, die jeweils durch ein Fragepronomen mit „W“ eingeleitet werden, spricht man von den so genannten „W-Fragen“.

Eine gute Einleitung beantwortet „W-Fragen“

W-?

- **Wer** war an dem Geschehen beteiligt?
- **Wo** ist das Erzählte passiert?
- **Wann** ist es passiert?
- **Was** ist eigentlich passiert?
- **Warum** ist es passiert?

Aufgabe 4 Überprüfe bei folgenden Einleitungen, welche W-Fragen beantwortet werden. Trage sie in die Tabelle ein.

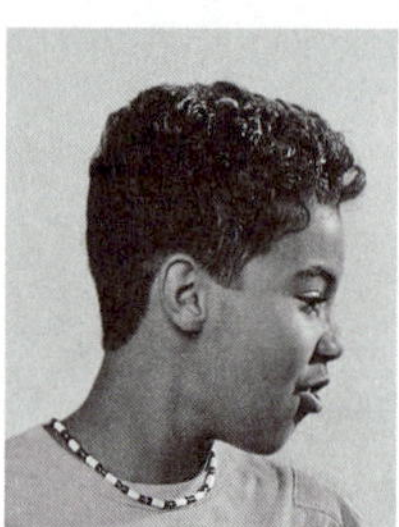

Samuel erzählt:
In den letzten Ferien passierte etwas, das ich nie vergessen werde. Weil wir nicht in Urlaub fahren konnten, durfte ich eine Woche lang bei meinem Freund in Schreckenstein übernachten. Er heißt Johannes und ist genauso alt wie ich …

Elisabeth hat auch etwas zu erzählen:
Meine Geschichte ereignete sich an einem grau-verregneten Sonntag im November. Ich war mit meiner Schwester allein zu Hause und wir spielten Verstecken. Meine Schwester ist erst fünf Jahre alt und sowieso furchtbar ängstlich …

W-?	Samuels Geschichte	Elisabeths Geschichte
Wer?		
Wo?		
Wann?		
Was?		
Warum?		

Aufgabe 5 Sicherlich ist dir aufgefallen, dass die Beispiel-Einleitungen in Aufgabe 4 weder angeben, *was* passiert, noch *warum* es passiert.
Erkläre, warum man bei spannenden oder lustigen Geschichten in der Einleitung nicht schreiben sollte, was passiert und warum es passiert.

Aufgabe 6 Versuche es nun selbst: Schreibe eine Einleitung zu einer von dir erlebten Schulgeschichte.

a) Überlege dir, von welchem Ereignis in der Schule du erzählen möchtest. Notiere die passenden Antworten zu den W-Fragen: Wer kommt in deiner Geschichte vor? Wo ist es passiert? Wann ist es passiert?

b) Formuliere eine Einleitung für deine Geschichte, in welcher diese W-Fragen beantwortet werden.

1.3.2 Die Aufmerksamkeit des Zuhörers/Lesers wecken

Du weißt bereits, dass du in der Einleitung nicht die Frage nach dem ganzen Inhalt (was passiert warum?) und vor allem nach dem Ausgang der Geschichte beantworten darfst, da sonst die Spannung zerstört werden würde. Das Einbauen bestimmter **Spannungsformulierungen** und „Anlockmittel“ in den Erzählanfang weckt beim Zuhörer oder Leser zusätzlich **Interesse.**

Eine gute Einleitung weckt die Aufmerksamkeit des Zuhörers/Lesers

- Beim Zuhörer/Leser werden bestimmte **Erwartungen** aufgebaut.
- Über den Inhalt/Ausgang der Geschichte werden nur wenige Informationen gegeben.
- Es werden Formulierungen verwendet, die **auf Geheimnisvolles, Lustiges oder Spannendes hindeuten.**
- Die Ankündigung von Humor und Spannung sollte aber nicht übertrieben werden.

Beispiele

- *Es geschah gleich nebenan ...*
- *In einer dunklen Vollmondnacht passierte diese beängstigende Geschichte ...*
- *Ihr werdet nicht glauben, was mir passiert ist ...*
- *Wenn ich euch das erzähle, fallt ihr vor Lachen um ...*
- *Es geschehen Dinge zwischen Himmel und Erde, für die gibt es keine vernünftige Erklärung ...*

So oder so ähnlich könnte sicherlich eine Erzählung anfangen. Obwohl die Formulierungen sehr unterschiedlich sind, verfolgen sie alle dasselbe Ziel: Sie wollen von Anfang an die **Aufmerksamkeit** des Zuhörers oder des Lesers wecken, indem sie bestimmte **Erwartungen** aufbauen.

Aufgabe 7 Überprüfe die Einleitungen von Lisas erster Geschichte (Seite 2) sowie von Samuels und Elisabeths Erzählungen (Seite 6): Unterstreiche alle Stellen, an denen sie versuchen, den Zuhörer oder Leser in eine bestimmte Erwartungshaltung zu versetzen.

Aufgabe 8 Formuliere die Einleitung deiner Schulgeschichte aus Aufgabe 6 neu. Achte nun darauf, dass du den Zuhörer/Leser „anlockst" und Spannung aufbaust.

Beispiel

Auch Nils hat eine Geschichte zu erzählen. Er war in den Sommerferien in einem Ferienlager und hat dort an einer Nachtwanderung teilgenommen. Bei seinen Klassenkameraden galt er immer als sehr ängstlich, umso erstaunter sind sie über die Einleitung seiner Geschichte ...

Nils erzählt:
Es war in einer nebligen Vollmondnacht, als sich diese gefährliche und unglaublich spannende Geschichte ereignete. In der Nähe heulten einige Wölfe und gerade war die letzte Batterie meiner Taschenlampe ausgegangen. Ich irrte seit Stunden durch den Wald, ohne einem Menschen begegnet zu sein ...

Die Klassenkameraden, denen Nils die Geschichte erzählt, schauen sich gegenseitig an und schütteln den Kopf. Nacheinander gehen sie weg, sodass Nils nicht einmal die Einleitung seiner Geschichte zu Ende erzählen kann. Was war passiert? – Sicherlich hast du es gemerkt: Nils übertreibt es mit der Spannung, sodass seine Erzählung unglaubwürdig wird.
Mehr als zwei Spannungsauslöser sind in der Einleitung nicht sinnvoll. Außerdem sollte die Formulierung **glaubwürdig** und **nicht übertrieben** sein.

Aufgabe 9 Um das richtige Maß an Spannung zu finden, musst du üben, Einleitungen zu schreiben.
Denke dir noch eine andere Schulgeschichte aus, beantworte die W-Fragen und formuliere eine passende Einleitung. Ein mögliches Thema für eine solche Geschichte wäre: *Die erste Stunde bei dem/der neuen Klassenlehrer/in.*

1.4 Der Hauptteil

Erzähl schon weiter! Los! Was ist denn nun passiert? – Dies sind Äußerungen, wie sie sich ein Erzähler wünscht. Offenbar war die Einleitung dermaßen gelungen, dass die Zuhörer gespannt darauf warten, **wie die Geschichte weitergeht.** Du wirst sie nicht enttäuschen, wenn du einige Regeln und Tricks zur Gestaltung des Hauptteils deiner Erzählung berücksichtigst.

Regeln für den Hauptteil einer Erzählung

- Der Hauptteil greift die Personen aus der Einleitung wieder auf.
- Er ist in deutlich erkennbare **Erzählschritte** gegliedert, die auf den **Höhepunkt** zulaufen.
- Die Erzählabschnitte entsprechen der richtigen zeitlichen **Reihenfolge.**
- Der Höhepunkt ist **anschaulich** und **spannend** gestaltet.

Beispiel Samuel, dessen Einleitung (Seite 6) du schon kennst, formuliert im Hauptteil:

Am zweiten Abend waren Johannes' Eltern nicht zu Hause. Sie waren noch bei Verwandten eingeladen und hatten uns erlaubt, einen Gruselfilm im Fernsehen anzuschauen. Ich glaube, sie wussten nicht, **wie spannend der Film wirklich war und welche gruseligen Ereignisse uns noch bevorstanden.** Zu Hause durfte ich jedenfalls nie alleine solche Filme ansehen.

1. Schritt:
Aufbau der Spannung
Alleine beim Fernsehen

Wir saßen nebeneinander auf dem Sofa, knabberten Salzstangen und starrten auf eine **besonders spannende Szene.** Ich hatte die ganze Zeit schon den Eindruck, **seltsame Geräusche** im Haus zu hören, doch ich schämte mich, Johannes etwas davon zu sagen. Er ist ein paar Monate älter als ich und ich wollte nicht, dass er mich wieder als „der Kleine" bezeichnete. Das machte er nämlich immer, wenn ich irgendetwas nicht wusste oder mir eine Sache nicht zutraute.

2. Schritt:
Weiterer Aufbau der Spannung
Eine Vorahnung

Doch was war das? Wir zuckten beide zusammen! Fast ohne zu atmen lauschten wir weiter. Da war es wieder. Tapp … tapp hörte man es aus dem Flur. Die Schritte schienen näher zu kommen. Mein Herz schlug mir fast bis zum Hals. Ich wartete. Starr vor Schreck sah ich, dass sich die Tür des Wohnzimmers, die nur angelehnt war, langsam öffnete …

3. Schritt:
Höhepunkt
Schritte kommen näher und Tür öffnet sich

Nach ein paar weiteren Schrecksekunden lachten wir beide laut los: Ein Igel steckte seine Nasenspitze durch die geöffnete Tür in das Wohnzimmer. Er musste irgendwie aus dem Garten ins Haus gelangt sein und ahnte nicht, welchen Schrecken er uns eingejagt hatte.

4. Schritt:
Auflösung der Spannung
Es ist ein Igel

Unterstreichung: Personen aus der Einleitung
blaue Schrift: spannendes Vorbereiten/Ausgestalten des Höhepunktes
blaues Raster: anschauliches Erzählen

Aufgabe 10 Elisabeths Geschichte (s. Einleitung auf Seite 6) ist nicht ganz so gruselig. Aber auch sie hält sich an die Regeln für den Hauptteil einer Erzählung.

a) Schreibe die einzelnen Erzählschritte und den Höhepunkt an den Rand.
b) Markiere, wo die Personen aus der Einleitung wieder aufgegriffen werden.
c) Unterstreiche diejenigen Textstellen, an denen Spannung aufgebaut wird.
d) Kennzeichne mit einer anderen Farbe die Teile des Textes, an denen besonders anschaulich erzählt und die Geschichte weiter ausgeschmückt wird.

Sandra – so heißt meine Schwester – war mit Zählen dran.
Ich sollte mich verstecken und sie musste mich suchen.
Wir spielten dieses Spiel gerne, wenn wir alleine zu Hause waren. Wir konnten uns dann nämlich an Orten verstecken, wo wir sonst nicht hindurften. Mutters Kleiderschrank war zum Beispiel einer dieser verbotenen Orte. Ich versteckte mich liebend gerne in diesem alten Möbelstück, das so wunderbar nach Holz roch. Es war ein komisches Gefühl, in dem warmen, dunklen Schrank zu sitzen, das Holz zu riechen und am Rücken Hosenbeine, Mäntel und Hemdsärmel zu spüren. Vor allem genoss ich es, dass Sandra mich dort nie fand, obwohl ich oft durch den Schlitz zwischen den Schranktüren hindurch beobachten konnte, dass sie direkt vor mir stand.
An diesem Tag hatte ich mir vorgenommen, ihr mein Versteck endgültig zu verraten. Allerdings nicht einfach so! Ich hatte eine Idee!
Ich wartete in meinem Geheimversteck, bis die Suchende in meine Nähe kam. Zuerst hörte ich nur ihre Schritte, dann sah ich ihren Schatten an der Wand. Schließlich konnte ich sie sehen: Sie stand nun mit dem Rücken vor mir. Ich musste mir jetzt auf die Zunge beißen, um nicht laut loszulachen. Nach ein paar Sekunden stand ich langsam auf, drückte die beiden Türflügel leise nach vorne und … Ich sprang mit einem lauten Schrei aus dem Schrank heraus. „Aah!", schrie die Überfallene völlig verzweifelt. Ich hatte ihr einen riesigen Schrecken eingejagt und es dauerte ein paar Sekunden, bis sie sich davon erholt hatte.
Dann lachten wir beide über meinen Einfall und beschlossen, eine neue Runde des Versteckspiels zu spielen.

1.4.1 Die Spannung pyramidenförmig aufbauen

So unterschiedlich die Hauptteile der Geschichten von Samuel und Elisabeth auch sind, sie haben eine wichtige Gemeinsamkeit: den Aufbau. Denn in beiden Geschichten wird versucht, den **Höhepunkt langsam vorzubereiten** und eine **sich allmählich steigernde Spannung aufzubauen.**
Man vergleicht diesen typischen Spannungsaufbau mit einem Dach oder einer Pyramide. Für Samuels Geschichte würde die Pyramide so aussehen:

Beispiel

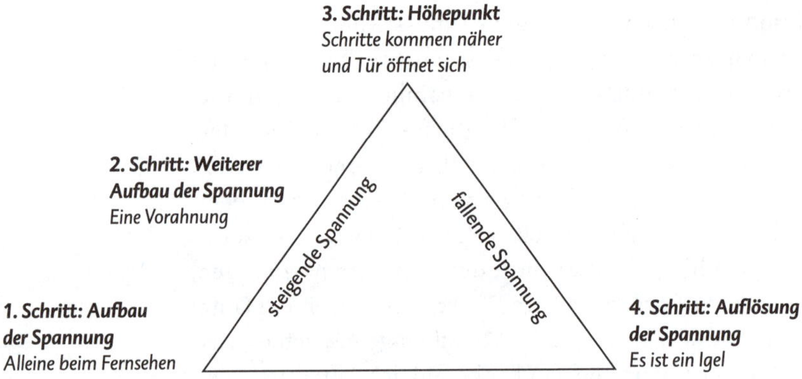

Übrigens: Dieser Aufbau gilt nicht nur für das Erzählen von persönlichen Erlebnissen. Er findet sich häufig auch in Romanen, Theaterstücken und **Filmen:**

Zuerst wird der Zuschauer in die Geschichte eingeführt. Man stellt ihm die Personen vor und er begleitet sie auf ihrem Weg durch die Handlung. *Aufbau der Spannung*

Anschaulich wird die Geschichte weitererzählt, dem Zuschauer werden schöne Bilder und Szenen vorgeführt und er beginnt, sich in die Figuren einzufühlen. *Weiterer Aufbau der Spannung*

Allmählich treten einige Vorboten eines Problems auf. Der Zuschauer ahnt jetzt bereits, dass es zu einer Auseinandersetzung kommen wird.

Plötzlich kommt es zur entscheidenden Situation. Der Zuschauer erlebt die Spannung fast am eigenen Leib. Er hofft, dass es gut ausgeht. *Höhepunkt*

Nach diesem Höhepunkt wird die Spannung langsam abgebaut. Der Zuschauer kann sich wieder beruhigen und der Film steuert auf sein Ende zu. *Auflösung der Spannung*

Aufgabe 11 Überprüfe, ob dein Lieblingsfilm oder dein Lieblingsbuch tatsächlich so aufgebaut ist: In welchen Handlungsabschnitten wird der Höhepunkt vorbereitet? Wo liegt der Höhepunkt? Wo wird die Spannung wieder abgebaut?

Aufgabe 12 Zeichne eine Spannungspyramide für Elisabeths Geschichte (Seite 11).

1.4.2 Den Höhepunkt ausgestalten

In den Beispielgeschichten konntest du den Höhepunkt vor allem daran erkennen, dass hier etwas **Spannendes** passierte. In Samuels Geschichte ist es die Stelle, an der sich die Tür langsam öffnet, bei Elisabeth genau dort, wo sie aus dem Schrank springt und ihre Schwester erschreckt.
Über den **Inhalt** der Erzählung hinaus tragen auch **Formulierungstricks** zum Spannungsaufbau am Höhepunkt bei:

Wie gestaltest du den Erzählhöhepunkt spannend?

- Baue **Spannungswörter** und **Ausrufe** ein (z. B. *plötzlich, auf einmal, Oh Gott!*).
- Formuliere **Fragen,** die die Unglaublichkeit des Geschehens ausdrücken (z. B. *Doch wie konnte das sein? Was war denn nun passiert? Wie war das möglich?*).
- Erzähle in **kurzen Sätzen** (z. B. *Ein Schuss. Tom sackte zusammen. Ich schrie auf.*).
- Brich manche Sätze mittendrin ab und beende sie mit **„drei Pünktchen"** (z. B. *Er traute seinen Augen nicht ...*).
- Verwende eventuell **Geräuschwörter** (z. B. *Peng! Ein Schuss durchbrach die Stille.*).

Beispiel Samuel wendet in seiner Geschichte (Seite 10) einige dieser Tricks an:

Doch was war das? Wir zuckten beide zusammen! Fast ohne zu atmen lauschten wir weiter. Da war es wieder. Tapp … Tapp hörte man es aus dem Flur. Die Schritte schienen näher zu kommen. Mein Herz schlug mir fast bis zum Hals. Ich wartete. Starr vor Schreck sah ich, dass sich die Tür des Wohnzimmers, die nur angelehnt war, langsam öffnete …

Frage

Imitation eines Geräuschs

Kurze Sätze

Satzabbruch

Aufgabe 13 Erkläre, warum der folgende Ausschnitt (vor allem der blaue Teil) langweilig erzählt ist. Formuliere ihn dann so um, dass er spannend zu lesen ist.

… ich streichelte Attaché während des Galoppierens über die Mähne, musste aber aufpassen, nicht herunterzufallen. Zwei Hindernisse hatten wir inzwischen schon übersprungen und das zuverlässige Pferd bereitete sich auf den dritten Sprung vor. Während wir über das Hindernis sprangen, fiel ich herunter in einen Sandhaufen. Es tat ein bisschen weh. Das Pferd hatte mit seinen Hufen den Balken berührt. Es war zu langsam angelaufen und stoppte auch kurz vor dem Hindernis noch einmal …

1.4.3 Die Erzählabschnitte verbinden

Die Gliederung der Erzählschritte nach der **richtigen zeitlichen Reihenfolge** hast du schon an den Geschichten von Samuel und Elisabeth geübt. Die Regel ist dabei ganz einfach einzuhalten, wenn du die Ereignisse in der Reihenfolge erzählst, in der sie auch geschehen sind.
Etwas schwieriger ist es manchmal, **abwechslungsreiche Überleitungen** zu finden. Natürlich darfst du die Formulierung „und dann" benutzen, du solltest sie aber nicht überstrapazieren. Denn die fantasielose Aneinanderreihung der einzelnen Erzählabschnitte führt dazu, dass die Geschichte langweilig wird.

Wie verbindest du die einzelnen Erzählschritte?

- Gliedere die Geschichte nach **klar erkennbaren Abschnitten.**
- Erzähle in der **richtigen zeitlichen Reihenfolge.**
- Kennzeichne die zeitliche Reihenfolge durch **abwechslungsreiche Überleitungen.** Diese Überleitungen können aus einem einzelnen Wort (z. B. *schließlich, danach, daraufhin*) oder einem kurzen Gliedsatz (z. B. *Als wir damit fertig waren, …*) bestehen.

Beispiel *Und dann sind wir auf die Autobahn gefahren … und dann kamen wir in einen Stau … und dann fing es an zu regnen … und dann hat mein Vater das Radio eingeschaltet … und dann … und dann … und dann …*

Langweilige Geschichte, oder? Vielleicht kennst du das: Jemand erzählt ein Erlebnis, das eigentlich gar nicht so uninteressant ist. Aber er schafft es durch seine Formulierungen, die Zuhörer dermaßen zu langweilen, dass keiner mehr zuhören will. Folgende Übungen helfen dir, diesen Fehler zu vermeiden.

Aufgabe 14 Ergänze den Lückentext, indem du passende Überleitungen einfügst:

Im letzten Herbst wollte ich mit meinem Großvater einen Flugdrachen bauen. Im Bastelgeschäft kauften wir die dazugehörigen Materialien. ____________ räumten wir den Tisch in der Werkstatt frei, damit wir Platz zum Arbeiten hatten. ____________________ schraubten wir eine stärkere Glühbirne in die Lampe über der Werkbank. ____________________ bastelten wir die einzelnen Teile zu dem Fluggerät zusammen. Es bestand aus buntem Stoff und sah sehr lustig aus. Dass es wirklich fliegen könnte, glaubte ich allerdings nicht.

__________ fuhren wir mit Opas Traktor auf ein riesiges Stoppelfeld und warteten auf günstigen Wind. __________ nahm ich die Schnur und lief so schnell ich konnte über das Feld. __________ klappte es tatsächlich: Der Drachen wurde vom Wind gepackt und schwebte in die Höhe. Ich gab immer mehr Schnur nach, sodass er höher und höher stieg. __________ blieb er noch mindestens zehn Minuten in der Luft …

Aufgabe 15 Jetzt hast du selbst schon viele Möglichkeiten gefunden, abwechslungsreiche Überleitungen zu formulieren. Elisabeth hat sich in ihrer Geschichte mit dem Versteckspiel ebenfalls viel Mühe mit den Überleitungen gegeben.
Lies den Hauptteil der Geschichte (Seite 11) nochmals durch und unterstreiche die hier verwendeten Formulierungen.

Aufgabe 16 Damit du für deine Erzählungen immer eine Auswahl von geeigneten Überleitungen zur Verfügung hast, kannst du sie in dem Stern unten sammeln.
Ergänze den Stern, indem du alle Überleitungen aus den letzten beiden Aufgaben dazuschreibst.

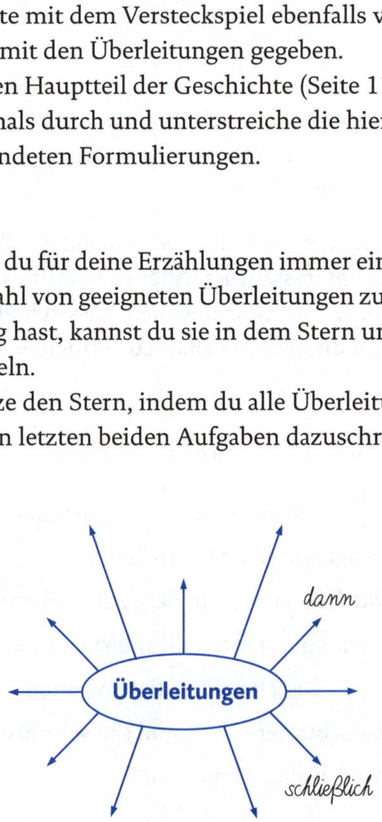

1.4.4 Aus der zeitlichen Reihenfolge ausbrechen: Rückblende und Vorschau

Du kannst eine Geschichte nicht immer in der Abfolge erzählen, wie sie passiert ist. Manchmal musst du eine **Rückblende** oder eine **Vorschau** einbauen, um dem Leser oder Zuhörer bestimmte Dinge zu erklären.

Achtung: Es ist wesentlich einfacher, eine Geschichte in der richtigen zeitlichen Reihenfolge zu erzählen, als mit einer Rückblende oder einer Vorschau zu arbeiten. Bevor du dich also an diese Ausnahmen heranwagst, solltest du dich mit dem einfachen Erzählen ziemlich sicher fühlen.

Das Durchbrechen der zeitlichen Reihenfolge

- **Ausnahmsweise** darf die zeitliche Reihenfolge der Ereignisse verlassen werden, wenn es der Anschaulichkeit der Geschichte dient.
- Eine **Rückblende** erzählt von Dingen, die vor der eigentlichen Geschichte passiert sind und zum Verständnis der ganzen Geschichte wichtig sind.
- Eine **Vorschau** kann auf das Ergebnis einer bestimmten Handlung hinweisen, wenn der Leser / Zuhörer diese Konsequenz nicht kennen kann.
- Auch bei Rückblende und Vorschau muss auf **passende Überleitungen** geachtet werden.

Beispiel

Bleiben wir bei der Geschichte mit dem Drachen. Um von einem vorausgehenden Ereignis oder Gefühl zu erzählen, wurde eine Rückblende eingebaut:

... Es war ein tolles Gefühl, den Drachen an der Schnur zu halten und seine Bewegungen selbst steuern zu können. Ich hatte nämlich *vorher* ein bisschen Angst, dass ich es nicht schaffen würde.

Rückblende mit passender Überleitung

Aufgabe 17 Lies die Fortsetzung der Geschichte:

Ich musste nur ziehen oder ein Stück Schnur nachgeben und sofort veränderte der bunte Vogel seine Flugbahn. Ich war richtig stolz, weil meine Schwester mich vorher noch gehänselt hatte. Sie sagte, ich bekäme das mit dem Drachen nicht hin, und erinnerte mich an den letzten Herbst. Damals hatte ich nicht aufgepasst: Ich war beim Starten über einen Stein gestolpert und der Länge nach hingefallen. Aber heute klappte alles. Ich schaute dem Drachen in der Luft zu und träumte vor mich hin. Später könnte ich meiner Schwester von dem erfolgreichen Start erzählen …

a) Markiere weitere Stellen, an denen Rückblende und Vorschau eingebaut sind.
b) Erkläre, warum diese Einschübe für den Zusammenhang der Geschichte wichtig sind.
c) Die verwendeten Überleitungsformulierungen sind hier bereits in die Sterne eingetragen. Suche eigenständig weitere Möglichkeiten.

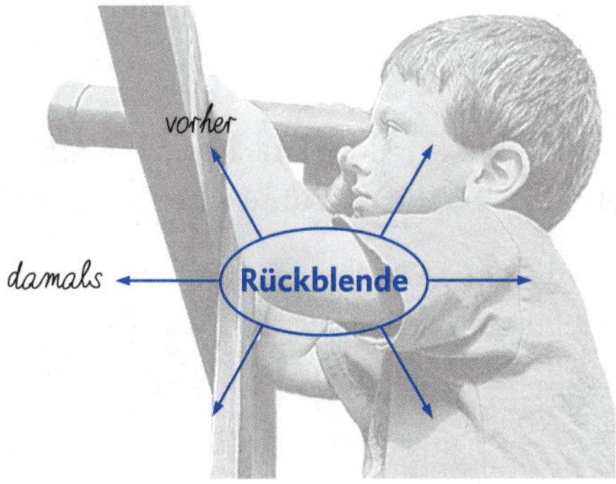

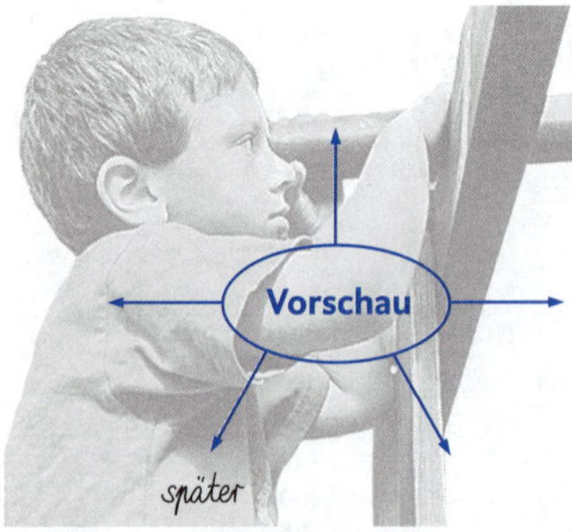

1.4.5 Anschaulich und spannend erzählen

Du hast jetzt schon einige Tricks erfahren, wie eine Geschichte anschaulich und spannend erzählt werden kann. Für Profi-Erzähler gibt es noch weitere Möglichkeiten.

Wie erzählst du anschaulich und spannend?

- Verwende die **wörtliche Rede.**
- Versuche, **Wortwiederholungen** zu **vermeiden.**
- Schmücke die Geschichte durch **passende Adjektive und Partizipien** aus.
- Veranschauliche das Erzählte durch **Vergleiche.**

Beispiel

Der folgende Anfang des Hauptteils einer Geschichte greift auf einige dieser erzählerischen Möglichkeiten zurück:

„Halt!“, schrie der Mann, der neben dem Mähdrescher lief. „Halte sofort den Mähdrescher an, ich habe etwas gesehen!“, tönte es laut. Seine sonnengebräunten Hände formte er **wie einen Trichter** um den Mund, damit seine heisere Stimme besser zu hören war.

Wörtliche Rede
Adjektiv, Partizip
Vergleich
Adjektiv

Aufgabe 18 Markiere derartige Erzähltricks auch im weiteren Verlauf der Geschichte. Schreibe die verwendete Möglichkeit jeweils rechts an den Rand:

Die riesige grüne Maschine stoppte auch sogleich und stand wie ein großes Tier, das aus der Zukunft hergereist war, wartend im Feld. Der Mähdrescherfahrer öffnete quietschend seine Kabinentür und fragte sichtlich genervt: „Was ist denn nun schon wieder? Wenn wir alle fünf Minuten eine Pause machen, schaffen wir es bis heute Abend nicht mehr, das Feld abzuernten." „Ich weiß, dass wir uns beeilen müssen", entgegnete der andere Mann, „aber ich habe da etwas gesehen." Er zeigte mit einem langen, dünnen Finger auf etwas Rotbraunes, das rund 20 Meter weiter in der Fahrspur des Mähdreschers zu erkennen war. Die beiden Erstaunten wurden ruhiger und blickten wie gebannt zu der bezeichneten Stelle. Vorsichtig, ganz vorsichtig gingen sie wie zwei Katzen, die sich an ihre Beute anschleichen, auf die Stelle zu. „Was ist das?", flüsterte der Fahrer. „Es sieht aus wie ... Hoffentlich ist es kein tollwütiger Fuchs", entgegnete sein Kollege. Ängstlich tasteten sie sich vor, bis sie einen besseren Blick auf die Entdeckung werfen konnten. Die beiden schlossen die Augen, öffneten sie langsam wieder und ... begannen laut zu lachen. „Was sind wir für Angsthasen", schallte es aus ihren Mündern. Es war nämlich die alte Vogelscheuche, die umgefallen im Feld lag und ihnen einen solchen Schrecken eingejagt hatte.

Auch diese Geschichte wird durch die **Verwendung der wörtlichen Rede** anschaulicher und lebendiger. Mit den folgenden Aufgaben kannst du die verschiedenen Möglichkeiten des Aufbaus einer wörtlichen Rede und die entsprechende Zeichensetzung üben. Beachte dabei, dass wörtliche Aussagen, wörtliche Fragen und wörtliche Ausrufe denselben Aufbauregeln folgen. Hinter einer Aussage steht jedoch ein Punkt, hinter einer Frage eine Fragezeichen und hinter einem Ausruf ein Ausrufezeichen.

Aufgabe 19 Suche im Mähdrescher-Text (Seite 19/20) Beispiele für die verschiedenen Aufbaumöglichkeiten der wörtlichen Rede und notiere sie hier:

Redebegleitsatz (z. B. *Er sagte*): „Text der wörtlichen Rede."

Beispiel aus dem Text:

„Text der wörtlichen Rede", Redebegleitsatz (z. B. *sagte er*).

Beispiel aus dem Text:

„Textteil 1 der wörtlichen Rede", Redebegleitsatz (z. B. *sagte er*), „Textteil 2 der wörtlichen Rede."

Beispiel aus dem Text:

Aufgabe 20 Bei den folgenden Sätzen mit wörtlicher Rede fehlen die Satzzeichen. Ergänze sie nach den oben vorgegebenen Mustern und Beispielen.

a) Die Sonne scheint so schön sagte Vater lasst uns ein bisschen an die frische Luft gehen
b) Wie heißt du fragte die neue Lehrerin
c) Der Postbote rief Hier ist der erwartete Brief aus Amerika
d) Ihr könnt dann mit der Klassenarbeit beginnen sagte der Lehrer
e) Ihr wisst vielleicht teilte uns der Hausmeister mit dass im letzten Monat in die Schule eingebrochen wurde

Der Mann sagte ... dann sagte er ... schließlich sagte er ... und er sagte ...
Der Satzausschnitt weist auf einen typischen Fehler hin, der häufig beim Erzählen gemacht wird: die ständige Wiederholung einer Form von „sagen“.
Dass sich solche **Wortwiederholungen vermeiden** lassen, zeigt schon die Mähdrescher-Geschichte (Seite 19/20). Es gibt viele Verben, die du statt „sagen“ verwenden kannst. Man nennt eine solche Gruppe von Wörtern mit ähnlicher Bedeutung eine Wortfamilie.

Aufgabe 21 Sammle in dem Wortsack zunächst alle Wörter der Wortfamilie „sagen“, die in der Mähdrescher-Geschichte vorkommen. Schreibe die Verben im Infinitiv (Grundform). Ergänze die Wortfamilie mit mindestens zehn weiteren Verben.

Nicht nur die Verben der Wortfamilie „sagen“ werden häufig wiederholt, mancher Erzähler benutzt auch oft dieselben Nomen. Dabei entstehen langweilige Texte wie dieser: *Der Mann ging in das Haus, dann hörte der Mann seinen Anrufbeantworter ab. Danach wusch sich der Mann die Hände* und so weiter.
Auch diesen Fehler kannst du ganz einfach vermeiden, indem du Nomen durch Personalpronomen (z. B. *er, sie*) oder durch passende Umschreibungen (z. B. durch andere Nomen) ersetzt.

Aufgabe 22 Schreibe aus der Mähdrescher-Geschichte (Seite 19/20) alle Nomen heraus, mit denen die beiden Figuren bezeichnet werden.

a) Der Mann, der neben dem Mähdrescher läuft, wird auch bezeichnet als:

____

b) Der Mähdrescherfahrer wird auch bezeichnet als:

____

c) Gemeinsam werden sie auch bezeichnet als:

____

Oft passt es auch zu einem Satz, wenn du ein Nomen durch eine passende Eigenschaft umschreibst. Du musst dazu das Adjektiv oder das Partizip zu einem Nomen machen (Substantivierung). Aus einem *ängstlichen Mann* wird *der Ängstliche,* aus einer *lachenden Frau* wird *die Lachende.* Die stilistisch unschöne Wiederholung der Nomen *Mann* und *Frau* wird damit umgangen.

Achtung: Substantivierte Adjektive und Partizipien werden groß geschrieben!

Aufgabe 23 Formuliere Substantivierungen zu folgenden Beispielen. Trage sie in die zweite Tabellenspalte ein. In die dritte Spalte kannst du passende Nomen eintragen, die ebenfalls als Umschreibung dienen können.

Das soll ersetzt werden	Substantivierung	Andere Nomen
Der fahrende Mann	der Fahrende	der Fahrer, der Maschinist
Der arbeitende Mann		
Das Baby, das brüllte		
Der kleine Schüler		
Das freche Mädchen		
Der Junge, der Angst hatte		
Das weinende Kind		

Wenn du die Nomen geschickt abwechselst, hast du schon einen guten Beitrag zur Spannung geleistet. Noch anschaulicher und lebendiger kannst du deine Geschichte gestalten, indem du die Nomen durch **passende Adjektive** ergänzt.

Aufgabe 24 Anhand der Mähdrescher-Geschichte hast du diese Vorgehensweise bereits geübt (vgl. Aufgabe 18). Bei der Fortsetzung dieser Geschichte kannst du deine Fertigkeiten weiter ausbauen.
Fülle die Lücken durch passende Adjektive. Es gibt verschiedene Möglichkeiten.

Eigentlich steckte die hässliche Vogelscheuche seit Jahren tief im ____________ Boden. Ein ____________ Wind musste sie umgeworfen haben. Der rotbraune Stoff ihrer ____________ Jacke war im Kontrast zu dem ____________ Korn gut zu sehen. Die beiden ____________ Männer waren froh, dass sie das Rätsel gelöst und die Vogelscheuche erkannt hatten. Der Fahrer stieg wieder auf den ____________ Mähdrescher und setzte seine ____________ Arbeit fort.

Mit **Vergleichen** kannst du Dinge und Gedanken häufig anschaulicher vermitteln als durch eine reine Beschreibung des Sachverhaltes: Die Formulierung „Der Drachen schwebte *wie ein Vogel*" hört sich doch gleich viel besser an als „Der Drachen schwebte lange am Himmel".

Aufgabe 25 Auch die Mähdrescher-Geschichte enthält Vergleiche, die du in der Aufgabe 18 schon markiert hast. Schreibe sie nochmals heraus.

Aufgabe 26 Die folgenden Formulierungen lassen sich durch bildliche Vergleiche veranschaulichen. Benutze die vorgeschlagenen Vergleiche und ergänze die Sätze.

a) Sie schlich sich an wie eine Raubkatze ____________ .

b) Er war listig wie ein ____________ .

c) Wir rasten schnell wie der ____________ .

d) Sein Vater war stark wie ein ____________ .

e) Er konnte springen wie ein ____________ .

f) Und er konnte sehen wie ein ____________ .

g) Aber sein Herz war hart wie ____________ .

h) Die Wunde brannte wie ____________ .

1.4.6 Gefühle und Gedanken berücksichtigen: Die „innere Handlung"

Es ist in der Wirklichkeit oft sehr schwer, herauszufinden, was in einem anderen Menschen vorgeht. Etwas einfacher kann dies innerhalb von Erzählungen sein. Der Erzähler lässt den Leser erkennen, was die Figuren gerade denken und wie sie sich fühlen, damit dieser sich besser in die Geschichte hineinversetzen kann. Das Erzählte wird dabei auch spannender.
Die Gefühle und Gedanken, die sich ja „im Inneren" der einzelnen Figuren abspielen, werden als **innere Handlung** einer Erzählung bezeichnet. Es gibt zwei Möglichkeiten, diese auszudrücken:

1. Um zu zeigen, dass Johannes Angst hatte, kannst du es direkt hinschreiben. Man nennt dies einen **ausdrücklichen** oder **expliziten** Hinweis auf den Charakter oder das Gefühl.

Beispiel *Johannes hatte große Angst ...*

2. Eine andere Möglichkeit besteht darin, das Gefühl nur „zwischen den Zeilen" – man nennt dies **implizit** – anzudeuten. Der Leser kann dann anhand von Johannes' Verhalten ablesen, dass er große Angst hatte.

Beispiel *Johannes wurde weiß wie Schnee und zitterte am ganzen Körper ...*

Gefühle und Gedanken erkennbar machen

- Wenn der Leser die Gefühle und Gedanken der Figuren erkennen kann, wird die Geschichte **abwechslungsreicher** und **spannender.**
- Die „innere Handlung" kann **explizit** durch ausdrückliche Hinweise oder **implizit** durch Hinweise „zwischen den Zeilen" erkennbar gemacht werden.

Aufgabe 27 Anhand der folgenden Tabelle kannst du üben, explizite Hinweise in implizite Hinweise umzuformulieren – und umgekehrt. Fülle die leeren Felder der Tabelle entsprechend aus.

Gefühl, das ausgedrückt wird (expliziter Hinweis)	Umschreibung des Gefühls (impliziter Hinweis)
Er hatte große Angst.	Er wurde weiß wie Schnee und zitterte am ganzen Körper.
Er schämte sich.	
Sie war begeistert.	
Er war sehr zufrieden.	
Sie wurde langsam ungeduldig.	
	Er blickte nach unten, Tränen liefen über sein Gesicht.
	Mit verzerrtem Gesicht biss sie die Zähne zusammen.
	Mit zusammengekniffenen Augen starrte er uns an und atmete tief ein. Sein Gesicht war glutrot …
	Atemlos lief sie die Treppe hinunter, breitete die Arme aus und herzte den heimkehrenden Vater so fest, dass er fast umfiel …
	Er kaute auf dem Bleistift und starrte auf die Klassenarbeit. Mit den Fingerspitzen der linken Hand trommelte er leise …

In den vorangegangenen Aufgaben hast du gelernt, wie man Stimmungen und Gefühle von Erzählfiguren ausdrücken und erkennen kann. Eine einfache und anschauliche Möglichkeit, ihre **Gedanken** auszudrücken, bietet der so genannte **innere Monolog.** Der innere Monolog ist vergleichbar mit einer wörtlichen Rede, die nur gedacht und nicht ausgesprochen wird.
Interessant wird das Gedachte zum Beispiel dann, wenn es nicht mit den Handlungen der Figuren übereinstimmt. Der Leser oder Zuhörer der Erzählung kann dann bereits ahnen, wie die Geschichte weitergehen wird, auch wenn die anderen Figuren innerhalb der Erzählung noch nichts davon merken.

Beispiel *Jetzt will sich Anne, diese Schlamperliese, schon wieder was von mir ausleihen. Ob sie meine Gutmütigkeit wohl wieder mal ausnützen wird? Ich lass' mir das nicht länger bieten! Melanie ließ sich nichts anmerken. Mit einem kurzen Nicken schob sie Anne ihr Mäppchen hin und sagte: „Ja, Ja. Du kannst dir meinen Textmarker ruhig nochmal ausleihen." Sie wollte Anne noch eine letzte Chance geben, ihre Zuverlässigkeit zu beweisen. Wenn sie mir den Stift diesmal wieder nicht zurückgibt, werde ich mal ein ernstes Wörtchen mit ihr reden müssen!*

Aufgabe 28 Doch auch Anne ist ihrer Banknachbarin gegenüber nicht ganz ehrlich. Sie ist inzwischen ziemlich genervt von Melanies Pingeligkeit, reißt sich aber ebenfalls zusammen.
Ergänze die folgende wörtliche Rede durch einen inneren Monolog, der Annes Gereiztheit ausdrückt.

„Zum Glück bist du nicht so vergesslich wie ich. Ich finde es echt super von dir, dass du mir deine Materialien so häufig ausleihst", entgegnete Anne mit einem Lächeln. Sie bemerkte Melanies Unwillen und nur schwer gelang es ihr, zu verbergen, dass ihr eigentlich Folgendes durch den Kopf ging: …

1.5 Der Schluss

Erinnerst du dich an den **pyramidenförmigen Aufbau** des Hauptteils der Erzählung? Du findest die Übersicht auf Seite 12. Leicht lässt sich anhand des Schaubildes erkennen, wie die Spannungskurve am Ende der Geschichte verlaufen muss: Sie sinkt noch weiter.

Regeln für den Schluss einer Erzählung

- Der Schluss wird **nicht spannend** erzählt.
- Er enthält **keine wesentlichen neuen Informationen.**
- Das im Hauptteil Erzählte wird **abgerundet.**
- Der Schluss kann das Erzählte aufgreifen und **zusammenfassen,** einen **Ausblick** in die Zukunft geben oder sich auf die **Einleitung** beziehen.

Mögliche Schlussformulierungen für die Geschichten auf den Seiten 6 bis 11 könnten lauten:

Beispiele *Ängstlich war meine kleine Schwester nach diesem Schreck immer noch, aber wir hatten dem grauen und verregneten Novembersonntag wenigstens ein bisschen von seiner Langweile genommen.*

So war das, als der Igel uns beim Gruselfilm erschreckte. Wir lachten noch mehrmals über uns selbst, schauten dann aber einen Zeichentrickfilm von Johannes' kleiner Schwester an.

Wir hatten noch viel Freude beim Versteckspiel und ich war mir sicher, dass es nun keine Zwischenfälle mehr geben würde. Doch ich hatte den Einfallsreichtum meiner kleinen Schwester unterschätzt …

Aufgabe 29 Schau dir diese Beispiele genauer an.

a) Entscheide, welcher Schluss eher eine Zusammenfassung bringt, welcher Schluss eher einen Ausblick auf das weitere Geschehen liefert und welcher Schluss deutlicher die Einleitung aufgreift.

b) Welcher Schluss baut doch wieder etwas Spannung auf? Wie gelingt dies?

1.6 „Erste Hilfe" für eine misslungene Geschichte

Aufgabe 30 Die folgende Geschichte stammt wohl nicht gerade aus der Feder eines Meistererzählers. Wenn du die vorangegangenen Kapitel gut durchgearbeitet hast, kannst du leicht erkennen, was hier alles falsch ist, und „erste Hilfe" leisten.

a) Markiere mit einem Rotstift Stellen, die dir als nicht so gut gelungen auffallen. Schreibe die Art des Fehlers an den Rand.

b) Du kannst das bestimmt besser! Schreibe die Geschichte neu.

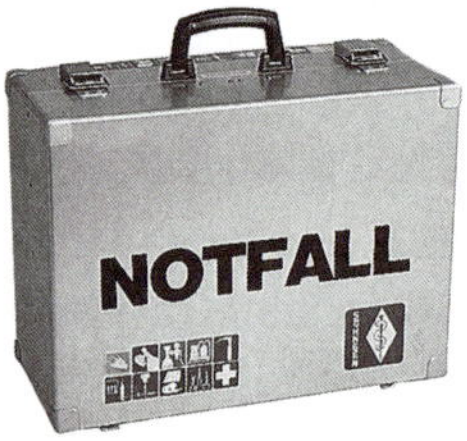

Der Fahrraddiebstahl

Es war einmal an einem schönen Sonnentag im Sommer, an dem die Sonne schien. Wie wir es in den vergangenen Tagen häufig getan hatten, fuhren wir mit den Fahrrädern zum Freibad unserer Stadt. Wie immer stellten wir die Räder in den Fahrradständer vor dem Schwimmbadeingang. Als wir dann an der Kasse standen, wurde mein Rad gestohlen.

Langweiliger Anfang

Wir machten die Räder mit einem Zahlenschloss fest. Franks Fahrrad war älter als meines, sein Bruder hatte es schon benutzt. Er wohnte jetzt in Nürnberg und studierte dort. Vielleicht war sein Studium aber auch schon beendet. Wir gingen über den Parkplatz zur Kasse, um den Eintritt zu bezahlen. Und dann sahen wir schon den Jungen, der uns beobachtete. Und dann schaute der Junge auf unsere Fahrräder. Und dann dachten wir schon, dass er nichts Gutes im Schilde führe. Als wir an der Kasse standen, lief der Junge auf unsere Fahrräder zu. Geschickt öffnete er das Zahlenschloss und radelte mit meinem Fahrrad davon. Die Warteschlange hinter uns war inzwischen sehr lang, sodass wir ihm nicht schnell genug folgen konnten. Jan sagte noch, dass ihm letztes Jahr das Gleiche passiert sei. Ich rief meine Eltern an, die mich am Schwimmbad abholten. Ich beobachtete die Straße und … plötzlich kamen sie mit ihrem Auto um die Ecke gefahren. Wir meldeten den Vorfall der Polizei und hoffen nun, dass der Dieb gefasst wird.

2 Ihr werdet es nicht glauben! – Erlebte und erfundene Geschichten

Wenn der Lehrer die Klasse am ersten Schultag auffordert, ein **schönes Ferienerlebnis** zu erzählen, fällt den meisten etwas dazu ein. Manche Schüler erzählen sogar absichtlich so viel, dass der Lehrer in dieser Stunde keinen Unterricht mehr machen kann.
Wie sieht es aber aus, wenn du in den Ferien nichts Besonderes erlebt hast? Wenn der Lehrer jetzt darum bittet, etwas zu erzählen oder es sogar noch als schriftliche Erzählung auszuformulieren, kannst du schon mal ratlos werden. „Was soll ich bloß zu diesem Thema schreiben? – Mir fällt nichts ein!“, sind Gedanken, die dir dabei durch den Kopf gehen können.

Bekommst du ein Thema vorgegeben (z. B. durch eine Überschrift), ist es sicherlich einfacher, etwas zu erzählen, wenn du eine passende Geschichte **persönlich erlebt** hast. Du kennst davon automatisch viel mehr Einzelheiten, kannst es lebendiger und glaubwürdiger erzählen. Aber auch eine **erfundene** Geschichte lässt sich mithilfe einiger Tricks gut zusammenstellen.
Selbstverständlich darfst du **selbst erlebte Geschichten** auch **umschreiben,** also etwa bestimmte Details dazuerfinden und andere weglassen oder auch einzelne Elemente der Handlung verändern beziehungsweise ausschmücken. Vielleicht passt die Geschichte dann besser zu der Themenvorgabe.

Aufgabe 31 a) Überlege dir Themen, zu denen du gerne etwas schreiben würdest, und solche, bei denen dir das Schreiben vermutlich schwer fallen würde. Trage die Themen in die Tabelle ein.

Zu diesen Themen könnte ich sicherlich etwas schreiben	Bei diesen Themen würde mir das Schreiben schwer fallen

Wenn dir nichts einfällt, kannst du die folgenden Vorschläge benutzen: *Allein zu Haus, Ein lustiger Gast, Ein nerviger Gast, Angst im Dunkeln, Großer Ärger, Glück gehabt, So ein Pech, Keine Angst vor Hunden, Ein unvergesslicher Ausflug, Ein folgenreicher Anruf, Ein verhängnisvolles Treffen*

b) Kreuze in der Tabelle an, bei welchen Themen du auf eine persönlich erlebte Geschichte zurückgreifen könntest.

2.1 Die Stoffsammlung

Erfahrene Erzähler können bei vielen Geschichten einfach drauflosschreiben. Manch anderer tut sich schon mit dem ersten Satz schwer. Eine kleine Hilfe, die Anfangshürden zu überwinden, bietet eine **gründliche Stoffsammlung.** Auch bei der Erlebniserzählung und bei der erfundenen Erzählung ist es wichtig, zunächst die **W-Fragen** (vgl. Seite 6) zu beantworten. Du kannst die entsprechenden Antworten in einer Tabelle sammeln oder aber du benutzt eine so genannte „Mindmap“.

Die **Mindmap** ist ein Hilfsmittel zum Sammeln und Sortieren von Ideen. Sie sieht aus wie ein Stern, dessen Strahlen jeweils für einen bestimmten Themenbereich stehen, innerhalb der Erzählung beispielsweise für die einzelnen W-Fragen. An die Strahlen können jeweils passende Beispiele für die einzelnen Themenbereiche angefügt werden.

Die Stoffsammlung bei erlebten und erfundenen Geschichten

- Eine gründliche **Sammlung von Ideen** (Stoffsammlung) erleichtert das Schreiben.
- Die Stoffsammlung sollte sich an den **W-Fragen** orientieren.
- Eine **Mindmap** kann das Sammeln der Ideen erleichtern und bei einer ersten Ordnung des Gefundenen helfen.

Aufgabe 32 Eine Mindmap für die Geschichte mit der Spinne (Seite 2) wurde hier schon begonnen. Setze sie fort.

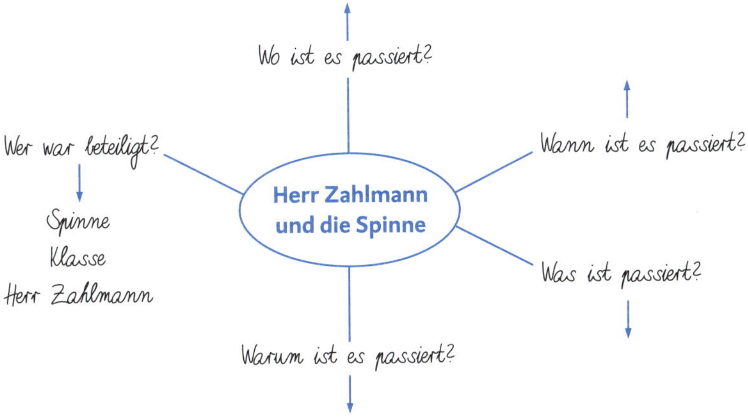

Aufgabe 33 Du kannst eine solche Mindmap für jede Art von Geschichte benutzen. Entscheide dich für eines der Themen aus der Tabelle (Aufgabe 31), das du angekreuzt hast, und sammle deine Erzählideen in einer Mindmap.

2.2 Sortieren des Materials

Auch wenn es auf den ersten Blick nicht so aussieht: Mit der Mindmap hast du bereits einen großen Schritt in Richtung einer guten Erzählung getan.
Als Nächstes musst du **auswählen,** welche Elemente deiner Stoffsammlung tatsächlich Eingang in die Geschichte finden – manches wirst du vielleicht wieder verwerfen –, und deine Ideen in eine **sinnvolle Reihenfolge** bringen.

Achtung: Denke daran, dass du in der Einleitung noch nicht zu viel von der Geschichte verraten darfst! Das würde die Spannung ziemlich zerstören.

Beispiel Lisa hat die Spinnengeschichte bereits sortiert:

Einleitung

- heute
- in der Schule
- in der dritten Stunde (Mathe)
- meine Klasse
- Herr Zahlmann, der Mathelehrer (war heute sauer)

Hauptteil

- Wir saßen still an den Tischen
- Herr Zahlmann rechnete an der Tafel Aufgaben
- Einige Kinder begannen plötzlich zu flüstern
- Wir sahen, dass eine Spinne in Herrn Zahlmanns Unterlagen saß
- Herr Zahlmann drehte sich um und wir lachten laut los
- Er schüttelte die Spinne aus dem Fenster

Schluss

- Er konnte verstehen, warum wir gelacht haben
- Er war nicht sauer

Aufgabe 34 Jetzt musst du es aber mit deiner eigenen Geschichte versuchen! Sortiere die Stichwörter aus deiner Mindmap (Aufgabe 33) und trage sie dann hier ein.

2.3 Formulieren der Geschichte

Alles, was du für deine Geschichte brauchst, hast du jetzt geordnet vor dir. Du musst es nur noch in einen zusammenhängenden Text bringen.
Worauf du dabei achten musst, findest du in den vorausgehenden Kapiteln. Wenn du dir mit einem bestimmten Teil noch unsicher bist, kannst du die entsprechenden Kapitel nochmals gezielt durcharbeiten.

Aufgabe 35 Schreibe deine Geschichte.

3 Erzählen zu einer Bildergeschichte

Das Erzählen zu einer Bildergeschichte scheint auf den ersten Blick einfacher zu sein als das Erfinden einer eigenen Geschichte. Schließlich geben ja die Bilder vor, was passiert. Trotzdem müssen auch bei der Bildergeschichte einige Grundregeln beachtet werden.

Bildergeschichte: Grundregeln

- Schau dir die Bilder und ihre Einzelheiten ganz genau an, bevor du losschreibst.
- Achte darauf, dass du alles, was auf den Bildern gezeigt wird, in die Geschichte aufnimmst.
- Berücksichtige die Stimmungen der beteiligten Personen, die sich in deren Gestik (Körperhaltung) und Mimik (Gesichtsausdruck) zeigen.
- Ergänze Ereignisse, die nicht extra abgebildet sind, deren Ergebnis aber auf einem Bild zu erkennen ist.
- Formuliere eine passende Einleitung und einen passenden Schluss.

3.1 Der Umgang mit Bildern

Wir sind es gewohnt, mit Bildern umzugehen. Computer, Fernsehen und Kino zeigen uns täglich eine Fülle von Geschehnissen in Bilderform. Unser Gehirn ist mit dieser Unmenge an Bildern so intensiv beschäftigt, dass wir oft die Details eines einzelnen Bildes kaum mehr wahrnehmen.

Bei einer Bildergeschichte ist es aber unerlässlich, **jede Einzelheit** zu berücksichtigen. Sie könnte für die Handlung wichtig sein und muss in die Erzählung eingebaut werden. Genaue Bildbetrachtung kannst du übrigens trainieren.

Bildergeschichte: Untersuchungskriterien

- Welche Figuren sind zu sehen?
- Was erfährst du über die einzelnen Figuren (z. B. Alter, Beruf)?
- In welcher Beziehung stehen sie zueinander?
- Was machen diese Figuren?
- Wodurch sind ihre Handlungen ausgelöst?
- Welches Ergebnis haben die Handlungen?
- Wo befinden sich die Figuren?
- Was könnten die dargestellten Figuren wohl gerade denken?

Aufgabe 36 Stelle dir vor, du zeichnest ein Bild eines Bahnhofs mit den dort wartenden Personen. Notiere zehn Einzelheiten, die in diese Zeichnung aufgenommen werden könnten. Wenn du willst, kannst du das Bild auch zeichnen!

Aufgabe 37 Suche dir ein Bild aus deinem Zimmer, eurer Wohnung oder einem Buch aus und schaue es dir genau an. Notiere dann aus dem Gedächtnis alle Einzelheiten, an die du dich erinnerst.
Prüfe anschließend anhand des Bildes: Gibt es vielleicht Details, die du beim ersten Betrachten gar nicht wahrgenommen hast?

Aufgabe 38 Schau genau! Vergleiche die beiden Bilder und suche die zehn Unterschiede.

3.2 Gefühle, Gedanken, Stimmungen erkennen: Gestik und Mimik

Wer ein bisschen Übung im Umgang mit Bildergeschichten hat – zum Beispiel durch das Lesen von Comics –, dem fällt es leicht, die Stimmung und die Gedanken der einzelnen Figuren auf den Bildern zu erkennen. Auch, wenn keine Sprech- oder Gedankenblase deutlich macht, was in der Figur vorgeht, ihre Körperhaltung und ihr Gesichtsausdruck verraten vieles.
Wer die Fachbegriffe benutzen möchte, kann zur Körperhaltung auch **Gestik** (lateinisch: *gestus* „Gebärdenspiel") und zum Gesichtsausdruck auch **Mimik** (lateinisch: *mimica* „Mienenspiel") sagen. Diese Ausdrücke verwenden die Regisseure und Schauspieler beim Theater.

Aufgabe 39 Wie gut bist du im Interpretieren von Gestik und Mimik? Beschreibe die Bilder und notiere die Stimmungen, die ausgedrückt sein könnten.

a)

Gestik: Der Junge reißt die Hände nach oben, sein Oberkörper ist leicht zurückgelehnt

Mimik: Augen und Mund sind weit aufgerissen

Stimmungen: Angst, Erschrecken, Panik, Entsetzen, Erstaunen

b)

Gestik: ____________________

Mimik: ____________________

Stimmungen: ____________________

c)

Gestik: ______________________

____

Mimik: ______________________

____

Stimmungen: ______________________

____

d)

Gestik: ______________________

____

Mimik: ______________________

____

Stimmungen: ______________________

____

e)

Gestik: ______________________

____

Mimik: ______________________

____

Stimmungen: ______________________

____

Aufgabe 40

Sicherlich siehst du sofort, was hier passiert ist. Zur Übung kannst du aber die einzelnen Schritte einmal etwas genauer durchgehen.
Beantworte die Fragen aus der Tabelle für jedes Bild extra. Wenn die Tabelle sorgfältig ausgefüllt ist, hast du schon fast den gesamten Erzählstoff für deine Geschichte zusammen.

Frage	Bild 1	Bild 2
Welche Figuren sind zu sehen?		
Was erfahre ich über die einzelnen Figuren?		
In welcher Beziehung stehen sie zueinander?		
Was machen diese Figuren?		
Wodurch sind ihre Handlungen ausgelöst?		
Welches Ergebnis haben die Handlungen?		
Wo befinden sich die Figuren?		
Was könnten die Figuren wohl gerade denken?		

3.3 Erlaubte Ergänzungen

Viele Zeichner verlassen sich bei ihren Bildergeschichten auf die **Fantasie** des Lesers. Häufig passieren am Anfang der Geschichte, an ihrem Ende oder auch zwischen den einzelnen Bildern Dinge, die nicht ausdrücklich auf einem Bild dargestellt sind. Der Leser muss sie sich selbst dazudenken.

Achtung: Erfinde beim Erzählen zu einer Bildergeschichte keine Personen, die nicht auf den Bildern dargestellt sind, und keine unnötigen Nebengeschichten!

Notwendige Ergänzungen zu den Bildern

- Eine Bildergeschichte zeigt oft nicht alle Einzelheiten des Geschehens, sodass der Leser sich einiges **hinzudenken** muss.
- Solche **Lücken** können sowohl am Anfang der Geschichte, an ihrem Ende oder auch zwischen einzelnen Bildern auftreten.
- Das Hinzugedachte muss **zu den vorhandenen Bildern passen.**

Beispiel

Hier kannst du dir leicht dazudenken, was geschehen ist: Die Katze hat die Vase beim Spielen vom Tisch gestoßen.

3.3.1 Die Einleitung ergänzen

Auch die Einleitung einer Bildergeschichte muss die **W-Fragen beantworten** (Seite 6). Vieles wird sich durch die Betrachtung des ersten Bildes klären lassen, nicht immer aber entspricht dieses Bild genau der Einleitung. Denn häufig beginnt mit dem ersten Bild schon der Hauptteil der Geschichte, sodass du für die Einleitung noch etwas **dazuerfinden** musst.
Die Ergänzungen müssen aber zu den Bildern passen und dürfen nicht zu weit von dem Gezeigten abschweifen!

Aufgabe 41 Überprüfe, welche der W-Fragen bei der Bildergeschichte mit dem Basketball (Seite 40) durch das erste Bild beantwortet werden, und denke dir passende Antworten auf die anderen W-Fragen aus.

W-?	Aus dem ersten Bild ergibt sich	Dazuerfunden werden kann
Wer?		
Wo?		
Wann?		
Was?		
Warum?		

Aufgabe 42 Schau dir folgende Einleitungen gründlich an und beurteile ihre Qualität. Vermerke, was dir gut gefällt und was dir falsch erscheint.

An einem schönen Sommertag in den Ferien wollte Peter den Basketball ausprobieren, den er von seiner Tante zum Geburtstag geschenkt bekommen hatte. Seine Tante wohnte in Hamburg und die beiden sahen sich nicht sehr oft. Sie betrieb dort einen Kleiderladen und war sehr beschäftigt. Nur an Peters Geburtstag nahm sie sich immer Zeit und besuchte ihn. Vor zwei Jahren hatten die beiden zum Beispiel zusammen einen Ausflug unternommen, im Jahr vorher waren sie im Kino. Letztes Jahr durfte Peter seine Tante sogar in Hamburg besuchen und in diesem Jahr gab es den Basketball. Peter ging also mit seinem Ball auf den Spielplatz in der Nähe. Zum Glück hing dort nämlich ein Basketballkorb ...

An einem schönen Sommertag in den Ferien wollte Peter seinen Basketball, den er von seiner Tante bekommen hatte, ausprobieren. Peter war ein kleiner schmächtiger Junge. Er trug eine Jeans, die unten umgeschlagen war. Die Hose hatte zwei Taschen und war schon ziemlich ausgebeult. Außerdem trug er ein helles T-Shirt. An den Füßen trug er helle Halbschuhe, die nur knapp unter den weiten Hosenbeinen hervorblickten. Peter hatte blondes, nach links gekämmtes Haar. In der Mitte standen ein paar Haare nach oben. Seine Nase und sein Mund waren sehr dünn ...

Aufgabe 43 Formuliere eine eigene Einleitung zu der Bildergeschichte mit dem Basketball.

3.3.2 Die Lücken zwischen den Bildern ergänzen

Wenn du Bildergeschichten und Comics anschaust, wirst du feststellen, dass manche **wichtige Handlungsschritte „zwischen den Bildern“** geschehen: Du siehst etwa auf einem Bild, was die Leute gerade machen wollen – wie sie ihr Vorhaben ausführen, wird aber nicht gezeigt. Das nächste Bild zeigt dann schon das Ergebnis.

Aufgabe 44 Das Beispiel mit dem Basketball (Seite 40) kann dies gut verdeutlichen.

a) Schreibe in die Mitte, was zwischen den Bildern logischerweise geschieht. Wenn du ein guter Zeichner bist, kannst du es auch zeichnen.

b) Erkläre, warum man sowohl an dem vorausgehenden Bild als auch an dem folgenden Bild erkennen kann, was zwischen den Bildern passieren muss.

3.3.3 Den Schluss ergänzen

Du kannst zwar den Hauptteil der Geschichte mit dem letzten Bild enden lassen, einen **abgerundeten Schluss** erhältst du dann aber nicht. Auch den Schluss einer Bildergeschichte musst du dir daher oft selbst ausdenken.
Wie bei allen Erzählungen kann der Schluss einer Bildergeschichte das Geschehen nochmals aufgreifen, **zusammenfassen und bewerten** oder einen kurzen **Ausblick in die Zukunft** geben (Seite 29).

Aufgabe 45 Peter hat sich auf einem Zettel einige Musterformulierungen für den Schluss von Bildergeschichten notiert.

a) Schreibe die Beispiele ab und sortiere sie dabei in die beiden Gruppen „eignet sich für einen zusammenfassenden Schluss“ und „eignet sich für einen Schluss, der in die Zukunft blickt“.

b) Wenn du eigene Vorschläge hast, kannst du die Liste ergänzen.

Musterformulierungen für den Schluss

- So war das also damals/gestern/letzte Woche, als ...
- Nie wieder hat der ... danach ...
- Es bleibt zu hoffen, dass seit diesem Tag ...
- Abends dachte ... nochmals daran zurück, wie er heute ...
- Er/Sie hätte nicht gedacht, dass ...
- Dies war ein Ereignis, an das ... und ... wohl noch lange denken würden.
- Er/Sie war stolz, dass er/sie ...
- Er/Sie war traurig, dass er/sie ...

Aufgabe 46 Schreibe zwei verschiedene Schlussmöglichkeiten zu der Bildergeschichte mit dem Basketball (Seite 40) – du kannst dabei auf Peters Formulierungsvorschläge in Aufgabe 45 zurückgreifen.

3.4 „Erste Hilfe“ für eine misslungene Geschichte

Aufgabe 47 Die folgende Erzählung zu der Bildergeschichte auf Seite 40 vernachlässigt einige der Regeln, die in diesem Kapitel geübt wurden.

a) Markiere mit einem Rotstift Stellen, die dir als nicht so gut gelungen auffallen. Schreibe die Art des Fehlers an den Rand.

b) Du kannst das bestimmt besser! Schreibe die Geschichte neu.

Der „Profi“

Es war der erste Sonnentag in den großen Ferien. Endlich konnte Peter den Basketball ausprobieren, den er von seiner Tante aus Hamburg zum Geburtstag geschenkt bekommen hatte. Der Ball war rot und ungefähr so groß wie eine Wassermelone. Er hatte auf der Seite einen schwarzen Aufkleber, auf dem der Firmenname stand. Peter nahm den Ball mit auf den nahe gelegenen Spielplatz. Zum Glück gab es hier seit einem Jahr einen Basketballkorb.

Zu viele unwichtige Einzelheiten werden erzählt.

Peter versuchte aus verschiedenen Entfernungen Körbe zu werfen, als sich ein großer Junge zu ihm stellte, den er vorher noch nie gesehen hatte. Er sah eigentlich nicht gefährlich aus, war aber wirklich ein ganzes Stück größer als Peter. „Das ist ja ein schöner Ball“, sagte er freundlich zu Peter. „Darf ich vielleicht bitte einmal damit werfen?“, bat er flehend und fügte hinzu: „Aber nur, wenn es dir nichts ausmacht.“ Peter stimmte natürlich zu.

Der große Junge warf dann mit dem Ball eine Scheibe kaputt. „Ha“, dachte Peter, „das hast du jetzt davon, du Angeber.“ Der große Junge wurde knallrot im Gesicht und wusste nicht, wie er sich aus der Situation wieder retten sollte. Man hörte schon das Geschrei des Mannes, der in dem Haus mit der zerstörten Scheibe wohnte. „Sieh zu, wie du aus der Geschichte wieder herauskommst“, sagte Peter. Er würde dem Mann die ganze Geschichte erzählen.

So war das, als Peter seinen Basketball einweihen wollte und ein großer Junge meinte, er wäre der bessere Werfer.

4 Erzählen aus unterschiedlicher Perspektive

„Jetzt bin ich aber überrascht“, mag sich der rechte Junge hier wohl denken, „Peter hat mir das alles ganz anders erzählt.“ – Vielleicht kennst du solche oder ähnliche Situationen. Denn es kommt wirklich manchmal vor, dass verschiedene Leute von ein und demselben Ereignis ganz Unterschiedliches erzählen.

Aufgabe 48 Überlege, ob du schon einmal festgestellt hast, dass von demselben Ereignis unterschiedlich erzählt wurde. Nenne Ereignisse, bei denen das der Fall sein könnte. Nenne auch mögliche Ursachen für die Unterschiede.

4.1 Wer erzählt denn eigentlich? – Unterschiedliche Perspektiven

Ähnlich wie in den Alltagssituationen musst du auch bei literarischen Texten – zum Beispiel bei Geschichten, Erzählungen und Romanen – darauf achten, wer etwas erzählt. Man spricht dann von der **Erzählperspektive** und unterscheidet dabei zwischen der **Erzählform** und dem **Erzählverhalten.**

Die **Erzählform** richtet sich danach, ob der Erzähler selbst an den Ereignissen beteiligt war und in der Ich-Form erzählt, oder ob er als ein Unbeteiligter die Sie- / Er-Form benutzt.

Erzählformen

- **Ich-Form:** Der Erzähler erzählt aus seiner eigenen persönlichen Perspektive. Er war selbst an dem Geschehen beteiligt.
- **Sie- / Er-Form:** Der Erzähler war nicht selbst an dem Geschehen beteiligt. Er könnte aber zugesehen haben.

Beispiel

Dieselbe Aussage in unterschiedlicher Erzählform:

Ich hatte die Hausaufgaben zwar gemacht, mir wurde aber das Heft gestohlen. *Ich-Form*

Sie/Er hatte die Hausaufgaben zwar gemacht, ihr/ihm wurde aber das Heft gestohlen. *Sie- / Er-Form*

Beim **Erzählverhalten** wird es etwas schwieriger. Hier kommt es darauf an, wessen Gefühle und Gedanken der Erzähler kennt beziehungsweise aus wessen Sicht er auch die innere Handlung erzählen kann.

Erzählverhalten

- **Personaler Erzähler:** Kennt nur die Gefühle und Gedanken einer Figur und erzählt die Geschichte aus deren Sicht.
- **Allwissender Erzähler:** Kennt und erzählt die Gefühle und Gedanken aller Figuren.
- **Neutraler Erzähler:** Kennt von keiner Figur die Gefühle und Gedanken. Er kann nur das berichten, was er sieht.

Beispiel

Bei folgendem Streit wird der Unterschied deutlich:

Anne war total sauer auf ihre Banknachbarin, weil diese in ihr Heft gekritzelt hatte. Sie nahm ihr Lineal und schlug der Nachbarin auf die Finger. Das tat ihr aber sofort Leid.

Personaler Erzähler
Der Erzähler kennt nur die Gefühle und Gedanken von Anne.

Anne war total sauer auf ihre Banknachbarin. Sie konnte ja nicht wissen, was mit ihr los war: Die Nachbarin war nämlich neidisch auf Annes schöne Handschrift, die von dem Lehrer immer gelobt wurde. Anne nahm ihr Lineal und schlug der Nachbarin auf die Finger. Das tat ziemlich weh! Anne hat es auch sofort Leid getan.

Allwissender Erzähler
Der Erzähler kennt sowohl die Gefühle und Gedanken von Anne als auch die der Banknachbarin.

Anne schlug ihrer Banknachbarin mit dem Lineal auf die Finger.

Neutraler Erzähler
Der Erzähler kennt weder die Gefühle und Gedanken von Anne noch die der Banknachbarin.

Aufgabe 49 Die folgenden Texte erzählen den Anfang einer kurzen Geschichte, in der ein frecher Gast zwei Wirte nacheinander hereinlegt. Bestimme jeweils die Erzählform und das Erzählverhalten. Markiere die Belege für deine Antworten im Text.

a) Zu dem Löwenwirt kam ein wohl gekleideter Gast. Sehr hungrig war der nicht, denn er hatte schon dem Bärenwirt einen Streich gespielt und ihn hereingelegt. „Ob ich es wohl noch einmal schaffe, einen Wirt zu betrügen?“, dachte er bei sich …

Erzählform: ________________

Erzählverhalten: ____________

b) Zu dem Löwenwirt in einem gewissen Städtchen kam ein wohl gekleideter Gast. Dem Wirt fiel sofort die teure Kleidung des Gastes auf und er erhoffte sich einen guten Lohn. Der Gast bestellte auch etwas zu essen, hatte aber nicht viel Hunger. Er hatte schon vorher den Bärenwirt um ein Essen betrogen und überlegte nun, wie er auch den Löwenwirt hereinlegen könne …

Erzählform: ________________ Erzählverhalten: ________________

c) Dann trat ich beim Löwenwirt ein. Viel Hunger hatte ich ja nicht mehr, ich hatte nämlich schon vorher dem Bärenwirt einen Streich gespielt und ihn hereingelegt …

Erzählform: ________________ Erzählverhalten: ________________

d) Zu dem Löwenwirt eines gewissen Städtchens kam ein Gast. Er setzte sich und bestellte Essen für sein Geld. Der Wirt brachte ihm das Essen und fragte, ob er auch ein Glas Wein wolle. Der Gast erwiderte freundlich: „Gerne, wenn ich es für mein Geld bekomme.“ …

Erzählform: ________________ Erzählverhalten: ________________

Nach: Johann Peter Hebel, Das wohlfeile Mittagessen. http://gutenberg.spiegel.de/hebel/kalender/wohlfeil.htm

4.2 Umschreiben einer vorgegebenen Geschichte: Erzählen aus anderer Perspektive

Wenn du das vorausgehende Kapitel gründlich gelesen und bearbeitet hast, wirst du die Regeln schnell verstehen, die du beachten musst, wenn du eine vorgegebene Geschichte aus einer anderen Perspektive erzählen sollst. Es genügt dabei nämlich nicht, aus einem „Ich" ein „Er" zu machen.

Natürlich solltest du möglichst viele Handlungsschritte der Originalgeschichte aufgreifen. Je nachdem aber, welches **Erzählverhalten** gewählt werden soll, oder aus wessen **Sicht** ein möglicher personaler Erzähler spricht, ändern sich die äußere und die innere Handlung. In Bezug auf die äußere Handlung wird der Erzähler nur solche Dinge wiedergeben können, von denen er selbst weiß. Wenn er zum Beispiel etwas nicht gesehen hat, kann er es auch nicht erzählen. Auch die innere Handlung kann sehr unterschiedlich sein: Jede Person, die an einem Geschehen beteiligt ist, wird sich ihre eigenen Gedanken dazu machen – und diese sind in der Regel ganz verschieden.

4.2.1 Bleibende Handlungsschritte

Viele Einzelheiten der Originalgeschichte werden auch beim Erzählen aus einer anderen Perspektive erhalten bleiben. Schließlich soll ja auch der umgeschriebene Text lesenswert, interessant und spannend sein.

Erzählen aus anderer Perspektive: Bleibende Handlungsschritte

- Wähle eine Figur aus, die die wichtigsten Ereignisse der Geschichte auch wahrnehmen kann, die also „etwas zu erzählen hat".
- Versetze dich in die Figur hinein, aus deren Sicht du die Geschichte erzählen möchtest, und betrachte das Geschehen mit ihren Augen.
- Versuche dir darüber klar zu werden, wie deine Figur das Geschehen und seine Einzelheiten erlebt und wahrnimmt.
- Überlege auch genau, welche Teile der Handlung deine Figur <u>nicht</u> wahrnehmen kann.
- Finde heraus, wann deine Figur das Geschehen wahrnimmt: Wann sieht sie, was passiert? Hört, riecht oder ahnt sie schon vorher etwas?
- Mache dir bewusst, mit welchen Stimmungen und Gedanken deine Figur das Geschehen wahrnimmt: Was fühlt und denkt sie vor den Ereignissen? Wie verändern sich ihre Stimmungen und Gedanken während der Handlung?

Beispiel Die folgende Geschichte erzählt von einem unverschämten Soldaten, der seinem Gastgeber einen großen Schaden zufügt. Die Geschichte soll aus der Sicht des Gastgebers neu erzählt werden.
Es ist hilfreich für den Perspektivenwechsel, die Geschichte zunächst einmal in ihre einzelnen **Handlungsschritte** zu zerlegen. Du kannst dann jeden Schritt darauf überprüfen, ob er aus der Perspektive des Gastgebers wahrgenommen werden konnte.

Seltsame Jagdpacht

Ein böser Streich, den man einem andern spielt, ist ein böser Streich – und wenn er gleich lustig verpackt ist. Aber lachen muss man. Solch ein Stücklein erzählt man von einem Soldaten, der, wie der Leser merken wird, ein rechter Schalk war. Er war bei einem Bauern im Quartier. Nachmittags, als er faul hinter dem Ofen lag, wo er sich nicht nur wärmen, sondern auch vor jeglicher Hilfe im Hause drücken wollte, ließen ihm die Fliegen keine Ruhe.

Kurze Einleitung: *Ein Soldat ist bei einem Bauern im Quartier.*

1. Erzählschritt: *Er faulenzt am Ofen und ärgert sich über die Fliegen.*

Aufgabe 50 Fasse auch die übrigen Erzählschritte der Geschichte am Rand zusammen.

Er dachte, wie er seinem Wirte einen Streich spielen und ihm auf gute Gewohnheit einen dicken Taler oder zwei aus der Tasche praktizieren könnte. Auf böse Einfälle kommt man leichter als auf gute, besonders beim Faulenzen.
Nun sagte er zum Bauern: „Wirt, ich will dir alle Fliegen in der Stube abkaufen." Der Bauer meinte, der Soldat wolle ihn foppen, und sagte, er gebe sie ihm umsonst und er solle sie nur alle totschlagen, es geschehe ihm damit ein Gefallen. „Nein", sagte der Soldat, „umsonst will ich sie nicht, aber ich will sie gerne kaufen – sagen wir: für einen Taler." Der Bauer dachte sich: „Ist der Soldat ein Narr, so ist es gut für mein Portemonnaie", und sagte, wenn er so wolle, ihm sei's ganz recht. Der Soldat gab ihm den Taler und der Bauer steckte ihn lachend ein. Er hatte aber bald Ursache, mehr zu weinen als zu lachen.
Denn der Soldat holte jetzt seine Flinte hinter dem Ofen hervor, lud sie mit Schrot und schoss, mir nichts dir nichts, auf die Zimmerwand, wo die meisten Fliegen hockten, dass es krachte und die Fenster davon erklirrten.

„Um Himmels willen, was macht Ihr?“, rief der erschrockene Bauer. „Ich schieß’ die Fliegen tot, die ich Euch abgekauft habe“, sagte der Soldat ganz ernsthaft, als ob sich das so von selbst verstünde – und er lud wiederum und legte nochmals an. Da fiel der Bauer ihm in die Arme und auf die Knie und bat ihn bei allen Heiligen, er solle doch sein Haus verschonen und ihn nicht unglücklich machen. Der Soldat gab ihm zu verstehen: Solle er auf sein Recht Verzicht leisten, so müsse er Entschädigung haben und Gewinn obendrein – und er verlangte noch mal so viel, als er dem Bauern gegeben hatte.
Dem mochte es lieb sein oder nicht, er musste sich den Handel gefallen lassen und bezahlen, was jener wollte. Und so merkte er denn zu spät, dass der Soldat kein Narr sei, oder wenn auch ein Narr, doch zu seinem eigenen Vorteil.

Mit leichten Veränderungen nach: Ludwig Auerbacher, Seltsame Jagdpacht. http://gutenberg.spiegel.de/aurbache/schwank/pacht.htm

Aufgabe 51 Überprüfe nun, welche Handlungsschritte der Bauer kennen kann und welche nicht. Dadurch erhältst du die Gliederung der neuen Geschichte.
Streiche mit einem Lineal alle Handlungsschritte durch, die der Bauer nicht kennen kann. Schreibe die übrigen Schritte untereinander auf.

4.2.2 Erlaubte Ergänzungen

Du hast das Gerüst der veränderten Geschichte nun bereits vorliegen – allerdings nur die äußere Handlung. Um deine neue Geschichte auch spannend und anschaulich zu gestalten, musst du Aspekte der inneren Handlung ergänzen. Außerdem könnte deine Geschichte eine neue Einleitung und einen neuen Schluss haben.

Bei der neuen **Einleitung** und dem neuen **Schluss** musst du dich natürlich an der vorgegebenen Geschichte orientieren. Die Einleitung sollte die W-Fragen beantworten und etwas Spannung aufbauen (Seite 5–7), der Schluss kann zusammenfassend oder vorausblickend gestaltet werden (Seite 29).

Wenn du die **innere Handlung** ergänzt, musst du den Charakter und die Stimmung der Figur berücksichtigen, aus deren Perspektive du erzählst. Du kannst passende Adjektive oder ausformulierte Gedanken einbauen.

Erzählen aus anderer Perspektive: Ergänzungen

- Es dürfen nur Ergänzungen vorgenommen werden, die zu der Originalgeschichte passen.
- Ergänzt werden dürfen Aspekte der inneren Handlung.
- Ergänzt werden dürfen eine Einleitung und ein Schluss.

Aufgabe 52 Streiche die Sätze durch, die nicht zur obigen Geschichte passen, wenn sie aus der Sicht des Bauern erzählt wird.

a) „Was macht der Soldat nun schon wieder?“, dachte ich und lief in die Stube.
b) Der faule Soldat wollte mir einen Streich spielen.
c) Ich kam in die Stube und erblickte den betrügerischen Soldaten auf der Ofenbank.
d) Erschrocken lief ich in die Stube und traute meinen Augen nicht.

Aufgabe 53 Erzähle nun die ganze Geschichte in der Ich-Form aus der Sicht des Bauern. Beachte die geübten Kriterien.

5 Erzählen nach einem literarischen Muster

Eulenspiegel kam auf seiner Wanderschaft wieder einmal in eine fremde Stadt ... – So oder so ähnlich beginnen viele Geschichten über Till Eulenspiegel, die sich nicht nur in der Einleitung sehr ähnlich sind. Die meisten Eulenspiegel-Geschichten sind nämlich nach einem festen Erzählmuster aufgebaut. Ebenso ist es bei Geschichten über die Schildbürger oder einer bestimmten Gruppe von Fabeln. Hast du erst einmal das **Erzählmuster** herausgefunden, kannst du selbst kleine Episoden – etwa über Till Eulenspiegel – verfassen. Eine Hilfe auf diesem Weg findest du in den folgenden Kapiteln.

5.1 Erkennen des Aufbaumusters

Um nach einem bestimmten Aufbaumuster erzählen zu können, musst du dieses erst einmal herausfinden. Man untersucht dazu möglichst viele Texte aus einer Geschichtensammlung. Dabei gibt es einige Tricks:

Wie findest du den Aufbau einer Geschichte heraus?

- Markiere zunächst die Hauptabschnitte Einleitung, Hauptteil und Schluss innerhalb des Textes.
- Überprüfe, ob sich diese Hauptabschnitte weiter unterteilen lassen.
- Orientiere dich bei dieser weiteren Untergliederung daran, ob ein neuer Sachverhalt, neue Figuren, eine neue Zeit oder ein neuer Ort hinzugekommen sind.
- Fasse jeden gefundenen Abschnitt in einem kurzen Satz zusammen.

Aufgabe 54 Hier sind zwei Eulenspiegel-Geschichten durcheinander geraten. Markiere mit verschiedenen Farben, welche Abschnitte zusammengehören. (Tipp: Achte darauf, welche Arbeit Eulenspiegel ausführen bzw. bei wem er arbeiten soll!) Übrigens: Ein *Barbier* ist ein Friseur, *dingen* ist ein altes Wort für „einen Handwerker einstellen".

Eulenspiegel kam während seiner Reise spät abends an die Haustür eines Kaufmanns. Der Mann hatte immer Angst um sein Geld und wollte nicht gerne Gäste in seinem Hause haben. Auf Eulenspiegels Bitte, bei ihm übernachten zu dürfen, sagte er dennoch: „Kumpan, diese Nacht bleib noch hier, iss und trink dich voll, aber morgen räume mir das Haus! Ich will dich nicht länger haben." Eulenspiegel sprach: „Lieber Gott, ich tue alles, was man mir aufträgt; und doch kann ich keinen Dank verdienen. Aber gefallen Euch meine Dienste nicht, so will ich morgen nach Euern Worten das Haus räumen und wandern." „Ja, das tue nur", sprach der Kaufmann. Eulenspiegel sagte: „Ja", ging geradewegs zu dem Haus hin, trat in die hohen Fenster und ging durch die Scherben hinein. Er sagte: „Gott zur Ehr! Gott grüße das Handwerk!" Die Frau des Bartscherers saß in der Stube und spann. Sie erschrak und sprach: „Dich führt wohl der Teufel! Warum kommst du durch die Fenster? Ist dir die Tür nicht groß genug?" Eulenspiegel sagte: „Liebe Frau, zürnt mir nicht! Euer Ehemann hat mir das aufgetragen und hat mich gedingt als Geselle." Die Frau sprach: „Das ist mir ein getreuer Geselle, der seinem Meister Schaden tut." Eulenspiegel sagte: „Liebe Frau, soll ein Geselle nicht das tun, was ihm sein Meister aufträgt?" Derweilen kam der Meister und hörte und sah, was Eulenspiegel getan hatte. Da sprach er: „Wie, Geselle, konntest du nicht zur Tür hineingehen und mir meine Fenster ganz lassen? Welchen Grund hast du gehabt, dass du mir durch die Fenster hereingekommen bist?" „Lieber Meister, Ihr trugt mir auf, da hineinzugehen, wo die hohen Fenster seien; Ihr wolltet bald nachkommen. So habe ich nach Eurem Geheiß getan; aber Ihr seid mir da nicht nachgekommen, wo Ihr sagtet, dass ich vorausgehen sollte." Der Barbier schwieg still, denn er brauchte Eulenspiegel und dachte: Wenn ich mit ihm mein Geschäft verbessern kann, so will ich das hingehen lassen und ihm das von seinem Lohn abziehen. Am andern Tag stand der Kaufmann auf und sagte zu Eulenspiegel: „Iß und trink dich satt und dann trolle dich! Ich will in die Kirche gehen. Lass dich nicht wieder sehen!" Eulenspiegel schwieg. Sobald der Kaufmann aus dem Haus war, begann er zu räumen. Stühle, Tische, Bänke und was er tragen und schleppen konnte, brachte er auf die Gasse, auch Kupfer, Zinn und Wachs. Die Nachbarn wunderten sich, was daraus werden sollte, dass man alles Gut auf die Gasse brachte. Davon erfuhr der Kaufmann. Er kam schnell herbei und sprach zu Eulenspiegel: „Du braver Knecht, was tust du hier? Find ich dich noch hier?" „Ja, Junker, ich wollte erst Euren Willen erfüllen, denn Ihr trugt mir auf, das Haus zu räumen und danach zu wandern." Einmal kam Eulenspiegel nach Hamburg auf den Hopfenmarkt, blieb dort stehen und sah sich um. Da kam ein Bartscherer gegangen, der fragte ihn, woher er komme. Eulenspiegel sagte: „Ich komme von dort her." Der Meister fragte ihn: „Was bist du für ein Handwerksgeselle?" Eulenspiegel antwortete: „Ich bin, kurz gesagt, ein Barbier." Der Meister dingte ihn. Und der Bartscherer wohnte auf dem Hopfenmarkt, gerade gegenüber, wo sie standen. Das Haus hatte dort, wo die Barbierstube war, bis zum Erdboden reichende Fenster nach der Straße zu. Da sagte der Meister zu Eulenspiegel: „Sieh, das Haus gegenüber, wo die hohen Fenster sind, da geh hinein! Ich komme gleich nach." „Lass sie liegen", sagte der Kaufmann, „Gehe zum Teufel! Das alles hat zu viel gekostet, als dass man es in den Dreck werfen könnte." „Lieber Herrgott", sprach Eulenspiegel, „ist das nicht ein großes Wunder? Ich tue alles, was man mich heißet, und kann doch keinen Dank verdienen. Es ist wahr: ich bin in einer unglücklichen Stunde geboren." Damit ging Eulenspiegel von dannen und ließ den Kaufmann wieder hineinschleifen, was er ausgeräumt hatte, so dass die Nachbarn noch lange lachten.

Aufgabe 55 Versuche die Geschichten nun zu ordnen. Es genügt, wenn du die einzelnen Abschnitte ganz kurz zusammenfasst. Die Tabelle hilft dir dabei.

Eulenspiegel beim Kaufmann	Eulenspiegel beim Barbier
Einleitung Eulenspiegel kommt zu einem Kaufmann und darf dort eine Nacht lang übernachten.	**Einleitung**
Missverständlicher Auftrag Am Morgen soll er „das Haus räumen".	**Missverständlicher Auftrag**
Hauptteil	**Hauptteil** Eulenspiegel steigt durch die hohen Fenster in die Stube. Die Frau des Barbiers macht ihm Vorwürfe, aber Eulenspiegel sagt, er habe nur den Auftrag des Meisters ausgeführt. Der Meister kommt und beschwert sich ebenfalls. Wieder sagt Eulenspiegel, er habe nur den Auftrag ausgeführt, dort hineinzugehen, wo die hohen Fenster sind.
Schluss Eulenspiegel versteht den Ärger nicht und geht. Der Kaufmann wird ausgelacht und muss alleine aufräumen.	**Schluss**

Aufgabe 56 Wenn du den Aufbau dieser beiden Geschichten vergleichst, erkennst du das typische Muster der Eulenspiegel-Erzählungen.
Notiere in der folgenden Tabelle die Elemente, die in beiden Geschichten vorkommen. Orientiere dich daran, was Eulenspiegel tut und denkt.

Aufbau der Eulenspiegel-Geschichten
Einleitung Eulenspiegel kommt in eine Stadt. Er begegnet einem Handwerker und …
Missverständlicher Auftrag Der Handwerker sagt etwas zu Eulenspiegel, aber dieser …
Hauptteil Eulenspiegel folgt dem Handwerker scheinbar und …
Schluss

5.2 Vorbereiten der neuen Erzählung

Du hast nun die Aufbauregeln für eine Eulenspiegel-Geschichte herausgefunden. Wenn du ein passendes „Missverständnis“ vorgegeben bekommst oder dir eines überlegst, kannst du **selbst eine Eulenspiegel-Geschichte verfassen.** Du musst nur noch überlegen, welchem Handwerker der Schelm begegnet, welche Arbeit er eigentlich machen soll und wie er den Auftrag falsch versteht.

Achtung: Der Handwerker meint den Auftrag immer in einem übertragenen Sinn, Eulenspiegel versteht ihn aber mit Absicht wörtlich und führt ihn so aus!

Beispiel

Titelvorgabe	Passender Beruf	Was soll er eigentlich machen?	Was macht er aber?
Eulenspiegel schmiert einer Kundin Honig um den Mund	Imker, Lebensmittelverkäufer	*Honig um den Mund schmieren* heißt, dass er freundlich zu den Kunden sein soll.	Er schmiert einer Frau echten Honig um den Mund.

Aufgabe 57 Nach diesem Muster kannst du zu anderen Überschriften eine Eulenspiegelei planen. Findest du auch selbst einen geeigneten Titel? Ergänze die Tabelle.

Titelvorgabe	Passender Beruf	Was soll er eigentlich machen?	Was macht er aber?
Eulenspiegel lässt die Sau raus			
Eulenspiegel nimmt am 1. April einen Kunden auf den Arm			

5.3 Ausformulieren der neuen Erzählung

Wenn du geklärt hast, welcher Beruf und welches Missverständnis zu der vorgegebenen Überschrift passen, kannst du deine eigene Eulenspiegel-Geschichte schreiben. Ein paar Tricks bereichern deine Erzählung vielleicht:

Wie verfasst du selbst eine gelungene Eulenspiegel-Geschichte?

- Baue wörtliche Rede ein.
- Verwende Humor, indem zu zusätzlich zu dem Missverständnis ein paar lustige Momente ergänzt. (Vorsicht: Nicht zu sehr übertreiben!)
- Beschreibe die vorkommenden Orte und die auftretenden Personen anschaulich.
- Verwende typische alte Begriffe, etwa *dingen* für „einstellen", *sich trollen* für „weggehen", und umschreibe Eulenspiegel mit Formulierungen wie *der Schelm, der Narr, der Schuft, …*

Beispiele Du kannst den Figuren deiner Geschichte lustige Namen geben, die zu ihren Berufen passen (z. B. *der Imker Herr Honigsüß*) oder bei Beschreibungen leicht übertreiben (z. B. *Eulenspiegel dachte, der Mann wiege mindestens eine Tonne*).

Aufgabe 58 Schreibe selbst eine Eulenspiegel-Geschichte. Du kannst dir das Thema aus der Tabelle oben aussuchen.

6 Kreatives Ausgestalten eines Erzählkerns

Das Ausgestalten eines vorgegebenen Erzählkerns ist eine gute Übung, um das Erzählen zu lernen oder zu verbessern.
Die Grundlage einer derartigen Übung bildet ein kurzer Text, dem es vor allem darum geht, die Leser sachlich über etwas zu informieren. Lebendig, anschaulich und unterhaltsam sind solche Texte – meist sind es Zeitungsmeldungen – in der Regel nicht. Der Aufbau von Spannung steht offenbar nicht im Vordergrund. Dennoch kann die **Zeitungsmeldung als Grundlage für eine spannende Erzählung** genutzt werden.

Wie formulierst du eine sachliche Meldung in eine Erzählung um?

- Kläre, welche zentralen Informationen der Text enthält.
- Stelle fest, in welchen einzelnen Schritten sich das Geschilderte abspielt.
- Wähle eine geeignete Erzählperspektive.
- Ergänze an passenden Stellen spannende und anschauliche Elemente.

Beispiel Die folgende Zeitungsmeldung könnte als Erzählkern für eine spannende Geschichte genutzt werden.

POLIZEIREPORT

Kinobesucher verhindern Großbrand

KOBLENZ. – Glück im Unglück hatte der Besitzer eines Spielwarenladens in Koblenz, als Passanten einen nächtlichen Brand in seinem Geschäft früh genug bemerkten. Vermutlich ausgelöst durch einen Kurzschluss an der Schaufensterbeleuchtung, brach in der Nacht von Freitag auf Samstag im Verkaufsraum eines bekannten Spielwarenladens in der Koblenzer Innenstadt ein Brand aus. Ein junges Ehepaar, das sich auf dem Nachhauseweg von einem Kinobesuch befand, kam zufällig an dem Laden vorbei und bemerkte den ungewöhnlichen Geruch. Geistesgegenwärtig suchten die beiden nach dessen Ursache und sahen die schmorende Schaufensterdekoration. Per Handy alarmierten sie die Feuerwehr, die sich durch einen Nebeneingang schnell Zugang zum Verkaufsraum verschaffen und Schlimmeres verhindern konnte. Der herbeigerufene Ladenbesitzer freute sich über sein Glück im Unglück und bedankte sich bei dem aufmerksamen Ehepaar.

6.1 Was steht eigentlich in der Textvorgabe?

Der Zeitungstext auf Seite 59 bietet einiges, was in einer spannenden und anschaulichen Geschichte verwendet werden kann.
So lassen sich etwa die **W-Fragen** (vgl. Seite 6), die du für die Einleitung benötigst, leicht beantworten. Schon der erste Satz enthält wichtige Informationen. Wenn du sie im Text unterstreichst und am Rand eine Kurzform notierst, erhältst du eine übersichtliche Grundlage für deine Ausgestaltung.

Beispiel KOBLENZ. – Glück im Unglück hatte der Besitzer eines Spielwarenladens in Koblenz, als Passanten einen nächtlichen Brand in seinem Geschäft früh genug bemerkten.

Wer? *Besitzer eines Spielwarenladens*
Wo? *Koblenz*
Wer? *Passanten*
Was? *nächtlicher Brand in seinem Geschäft*

Aufgabe 59 Auch der Rest der Zeitungsmeldung enthält wichtige Informationen. Markiere sie und schreibe an den Rand, wie die W-Fragen beantwortet werden. (Manche W-Fragen können auch mehrfach beantwortet werden.)

Vermutlich ausgelöst durch einen Kurzschluss an der Schaufensterbeleuchtung, brach in der Nacht von Freitag auf Samstag im Verkaufsraum eines bekannten Spielwarenladens in der Koblenzer Innenstadt ein Brand aus. Ein junges Ehepaar, das sich auf dem Nachhauseweg von einem Kinobesuch befand, kam zufällig an dem Laden vorbei und bemerkte den ungewöhnlichen Geruch. Geistesgegenwärtig suchten die beiden nach dessen Ursache und sahen die schmorende Schaufensterdekoration. Per Handy alarmierten sie die Feuerwehr, die sich durch einen Nebeneingang schnell Zugang zum Verkaufsraum verschaffen und Schlimmeres verhindern konnte. Der herbeigerufene Ladenbesitzer freute sich über sein Glück im Unglück und bedankte sich bei dem aufmerksamen Ehepaar.

Neben der Beantwortung der W-Fragen lassen sich auch die wichtigsten **Handlungsschritte,** die du später für die spannende Formulierung des Hauptteils deiner Erzählung benötigst, aus dem Text ablesen.

Beispiel Willst du das Ereignis aus der Perspektive des jungen Mannes oder der jungen Frau erzählen, ergeben sich folgende beiden ersten Handlungsschritte:

1. *Ich war mit meiner Frau/meinem Mann im Kino.*
2. *Auf dem Nachhauseweg kamen wir an dem Spielwarenladen vorbei.*

Aufgabe 60 Setze die begonnene Sammlung der Erzählschritte fort. Orientiere dich dabei auch an den verschiedenen Tätigkeiten des jungen Paares, die im Zeitungsartikel erwähnt werden.

6.2 Ergänzen anschaulicher und spannender Elemente

Das grobe Gerüst deiner Erzählung steht damit bereits fest, doch fehlen noch mindestens zwei Ergänzungen:

1. Da eine Zeitungsmeldung ihre Leser nur knapp über ein Ereignis informieren will, verzichtet sie auf anschauliches Erzählen. Bei der erzählerischen Ausgestaltung der Textvorgabe musst du dich deshalb um **Anschaulichkeit** bemühen.

2. Außerdem bemüht sich der Schreibstil einer Zeitungsmeldung vor allem um Sachlichkeit, so dass die Artikel nicht sehr spannend geschrieben werden. Du musst der Geschichte daher etwas **Spannung** geben.

Wie gestaltest du deine Geschichte anschaulich?

- Gib den Personen passende **Namen,** falls sie in der Geschichte nicht erwähnt sind.
- Ergänze allgemeine Informationen (z. B. *auf dem Nachhauseweg von einem Kinobesuch*) durch **konkrete Einzelheiten** (z. B. *Wir haben uns im Kino den Film „Titanic" angesehen, von dem wir schon so viel gehört hatten …*).
- Schildere auch die **innere Handlung** – also die Gefühle und Gedanken der beteiligten Personen (z. B. *Der Film hat uns sehr bewegt und wir waren mit den Gedanken noch ganz in die Handlung vertieft …*).
- Nenne **Gründe** für das Handeln und Verhalten der Personen (z. B. *Wir gingen durch die Innenstadt nach Hause, weil das der kürzeste Weg ist …*).
- Ergänze **wörtliche Reden.**

Aufgabe 61 Überlege dir für jeden dieser Tipps ein (weiteres) Beispiel, das in die Geschichte eingebaut werden könnte.

Auf Seite 12 f. hast du erfahren, wie du die Erzählschritte anordnen kannst, um spannend und konsequent auf einen Höhepunkt hinzuarbeiten. Zur Spannungssteigerung hast du auf Seite 19 schon einiges gelernt. Hier das Wichtigste noch einmal in Kürze:

Wie gestaltest du deine Geschichte spannend?

- Formuliere die Einleitung so, dass sie die Aufmerksamkeit des Lesers weckt.
- Überlege dir vorher genau, wo der Höhepunkt der Geschichte liegen könnte.
- Bereite den Höhepunkt durch erkennbare Erzählschritte vor.
- Gestalte den Höhepunkt spannend aus.

Aufgabe 62 Schreibe auf die Spitze der Spannungspyramide kurz, wo der Höhepunkt der Geschichte über das Feuer im Spielwarengeschäft sein könnte. Schreibe auch die anderen Handlungsschritte an passende Stellen der Seiten der Pyramide.

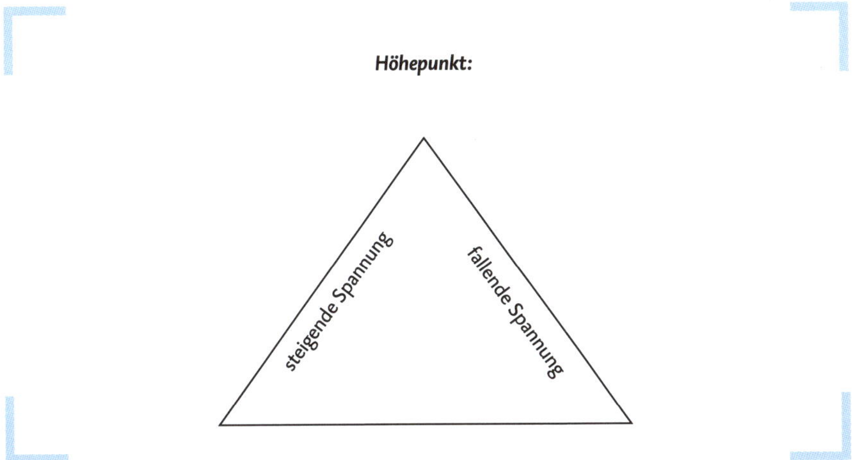

Aufgabe 63 Nach diesen gründlichen Vorarbeiten ist es nicht mehr schwer, eine Geschichte zu der Zeitungsmeldung auf Seite 59 zu erzählen. Finde eine passende Überschrift und schreibe die Geschichte.

Berichten

7 Was ist ein Bericht?

Zwei Regeln sind bei jedem Text zu befolgen: Egal, worüber du redest oder schreibst, es muss immer auf die Angemessenheit des Textes in Bezug auf die **Sache** und in Bezug auf den **Zuhörer / Leser** geachtet werden.
Die passende Textform etwa bei der Meldung eines Unfalls im Sekretariat ist der **Bericht.** Denn hier kommt es darauf an, Personen, die ein Geschehen nicht unmittelbar beobachtet haben, möglichst genau darüber zu informieren. Der Zuhörer / Leser eines Berichts sollte sich eine möglichst exakte Vorstellung von dem Sachverhalt machen können.

die Sache, von der er handelt ← **Ein Text muss angemessen sein in Bezug auf …** → die Personen, die den Text hören oder lesen

Vielleicht denkst du jetzt: Das ist doch selbstverständlich! Trotzdem ist es wichtig, dass du dir diese beiden Regeln einprägst. Denn schnell hast du etwa in einer Situation, die eine sachliche Sprache verlangt, Spannung oder sogar Übertreibungen in den Text eingebaut, weil du vielleicht sehr aufgeregt bist.

Berichten: Grundlagen

- Ein Bericht **informiert** kurz, genau und sachbezogen.
- Inhaltlich geht es nur um Tatsachen, z. B. Ereignisse, Unfälle, Erlebnisse oder Vorhaben.
- Gefühle, Kommentare und eigene Gedanken gehören nicht in den Bericht.
- Die Sprache des Berichts ist sachlich.
- Auf Ausschmückungen und Spannung wird verzichtet.

Aufgabe 64 Anna ist zwar eine gute Erzählerin, aber wirklich angemessen ist ihr Vortrag im Sekretariat nicht. Notiere drei Beispiele aus ihrem „Unfallbericht“, die gegen die geforderte Sachlichkeit verstoßen.

Schnell Frau Schneider! In der Turnhalle … der Alex … Herr Klein hat gesagt, ich soll … und der hat furchtbare Schmerzen … na ja … wir wollten doch nur den Ball aus dem Geräteraum holen. Da ist was Blödes passiert. Der Alex wollte über einen Kasten klettern und plötzlich … Bamm! Wie das aussah … der Knöchel wurde direkt dick wie ein Tennisball … Er war nämlich abgerutscht und heruntergefallen … Und jetzt … schnell … ein Krankenwagen … Es tut mir selbst auch so Leid … und Herr Klein hat noch gesagt, wir sollten aufpassen … er hat aber schon erste Hilfe geleistet … vielleicht der Knöchel …

7.1 Der Inhalt des Berichts

Gerade bei der Meldung von Unfällen kommt es immer wieder vor, dass der oder die Berichterstattende etwas vergisst oder eine Angabe nicht genau macht. Die Hilfsfragen auf Hinweisschildern sollen dabei helfen, **vollständige und präzise Informationen** zu geben. Auch diese Fragen orientieren sich an den so genannten **„W-Fragen“** (Seite 6).

Beispiel Zum Glück hat Frau Schneider im Sekretariat mit solchen Situationen Erfahrung. Sie beruhigt Anna ein wenig und deutet auf ein Hinweisschild neben dem Wandtelefon. Anna atmet durch und liest:

Aufgabe 65 a) Erkläre, warum es für den Rettungsdienst wichtig ist, dass alle diese W-Fragen präzise beantwortet werden.

b) Anna wählt die Notrufnummer und beginnt ihren Bericht: „Guten Tag, in der Turnhalle des Goethe-Gymnasiums hat sich ein Junge leicht verletzt …“. Die ersten Fragen hat Anna damit schon beantwortet. Führe ihren Bericht schriftlich fort.

Mit der Beantwortung der W-Fragen erfüllt der Text die Forderung nach Angemessenheit in Bezug auf die Sache. Aus der Sicht der Rettungsleitstelle ist der Text natürlich auch angemessen in Bezug auf den Zuhörer. Nun ist aber der Rettungsdienst nicht immer der Einzige, der genau wissen will, was passiert ist. Du musst also fragen: Was ändert sich an dem Bericht, wenn er **für einen anderen Zuhörer** bestimmt ist?

Aufgabe 66 Auch für die Schulsekretärin wird diese Frage wichtig. Nachdem der Krankenwagen alarmiert ist, muss sie nämlich noch anderen Personen Bericht erstatten: Zunächst geht sie zu Annas **Klassenlehrer** und meldet ihm den Vorfall. Dann informiert sie die **Eltern von Alex.** Den **Schulleiter** muss sie benachrichtigen, damit er die Meldung für die Unfallversicherung ausfüllen kann.
Ordne die drei Versionen den verschiedenen genannten Zuhörern zu. Erkläre, inwiefern die Texte angemessen in Bezug auf den Zuhörer und die Sache sind.

Der Unfall ereignete sich heute, am 18. Mai um genau 10.10 Uhr. Anwesend waren die gesamte Klasse 6a und ihr Sportlehrer Herr Klein. Der Schüler Alexander Müller knickte beim Versuch, einen Ball aus dem Geräteraum zu holen, mit dem Fuß um und verletzte sich. Er musste mit dem Krankenwagen in die Notfallaufnahme gebracht werden.

Alex hat sich im Sportunterricht seiner Klasse leicht verletzt. Er ist mit dem Fuß umgeknickt. Herr Klein hat sofort erste Hilfe geleistet und festgestellt, dass es zunächst schlimmer aussah, als es wirklich war. Vorsorglich haben wir den Krankenwagen gerufen. Im Krankenhaus soll der Fuß geröntgt werden.

Der Alex Müller hat sich in der 3. Stunde beim Sport verletzt. Herr Klein war dabei. Die sind mal wieder im Geräteraum rumgeklettert. Vielleicht hat sich Alex ja den Fuß gebrochen oder es ist was an den Bändern. Die Anna hat jedenfalls den Krankenwagen alarmiert.

7.2 Die Sprache des Berichts

Du hast zu Beginn dieses Kapitels bereits gelernt, dass der Bericht sich einer **sachlichen** Sprache bedient und darauf verzichtet, Spannung aufzubauen und das Geschehen auszuschmücken. Wenn du einen sachlichen Stil benutzen willst, musst du darüber hinaus einige Regeln beachten:

Der sachliche Schreibstil

- Ein Geschehen oder eine Handlung wird knapp und präzise beschrieben.
- Es fehlen keine wichtigen Informationen.
- Der Text enthält keine überflüssigen Informationen.
- Das Geschehen wird nicht ausgeschmückt.
- Der Text baut keine Spannung auf.
- Die Ausführungen enthalten keine eigene Meinung des Berichtenden.
- Die Ereignisse werden entsprechend der zeitlichen Reihenfolge erzählt.

Aufgabe 67 Die folgenden Sätze wurden auf der Rettungsleitstelle im Laufe von drei Tagen gespeichert. Bevor sie gelöscht werden, hört sich der Mitarbeiter die Notrufe nochmals an. Er merkt, dass manche Anrufer so aufgeregt sind, dass sie sich nicht an die Regeln des sachlichen Stils halten.
Überprüfe, welche der Sätze unsachlich formuliert sind. Notiere jeweils am Rand, gegen welche Regel verstoßen wurde. Hinter die richtigen Sätze kannst du einen Haken machen.

a) Hier ist ein unnötiger Unfall passiert. Ich hab' schon die ganze Zeit gesagt, er soll nicht so schnell fahren …

Persönliche Kommentare gehören nicht in den Bericht.

b) In der Schillerstraße ist ein etwa 9-jähriger Junge mit dem Fahrrad gestürzt …

✓

c) … plötzlich gibt der Fahrer Gas, hupt und … Bamm! Mitten hinein in den Obststand …

d) Schmitt ist mein Name. In der Mitte mit einfachem „i", hinten zwei „t". Das wird immer verwechselt. Mein Vater hat schon ähnliche Erfahrungen gemacht. Dem ist es ja regelmäßig passiert, dass Briefe nicht ankamen, weil der Name nicht richtig geschrieben war …

e) Es geht um einen Jungen aus meiner Klasse. Er hat sich beim Sportunterricht leicht am Fuß verletzt ...

f) Bitte schicken Sie einen Krankenwagen in die Münchner Straße 21. Das Haus befindet sich direkt hinter der ersten Kreuzung ...

g) ... er hat sich dann auf einen Stuhl gesetzt, weil ihm schwindlig war. Sie sollten einen Krankenwagen herschicken. Ach ja, vorher hat er sich tief in den Finger geschnitten, das hat sehr geblutet. Morgens muss er auch diese blutverdünnenden Medikamente nehmen ...

h) ... der eine Wagen war so ein schöner Oldtimer. Ganz in Weiß mit silbernen Kotflügeln und schwarzem Faltdach. Das waren noch Autos! ...

i) ... die beiden sind mit den Köpfen zusammengestoßen und klagen nun über Kopfschmerzen, könnten Sie bitte einen Arzt schicken ...

j) Wir waren etwas zu spät und mussten uns beeilen. Wissen sie, was passierte, als wir die Eingangstreppe hochliefen? Schritt für Schritt näherten wir uns dem Eingang ... wir konnten es noch rechtzeitig schaffen, doch plötzlich, gerade als wir an der letzten Stufe angekommen waren, passierte es ... Martin stolperte und fiel mit einem lauten Schrei die Treppe hinunter ...

In welchem **Tempus** (Zeitform) ein Bericht geschrieben wird, hängt davon ab, in welchem zeitlichen Verhältnis er zu den Ereignissen und deren Ergebnis steht.

Da meistens über etwas berichtet wird, das in der Vergangenheit stattgefunden hat, ist das häufigste Tempus des Berichts das **Präteritum** (1. Vergangenheit).

Beispiel Die Schulsekretärin benutzt diese Form in der ersten Version ihres Berichts:
Der Schüler Alexander Müller knickte ... mit dem Fuß um und verletzte sich.

Eine andere Möglichkeit auszudrücken, dass ein Ereignis in der Vergangenheit stattgefunden hat, ist die Verwendung des **Perfekt** (2. Vergangenheit). Meistens benutzt man dieses Tempus, das mit den Präsens-Formen von *sein* und *haben* gebildet wird, wenn das Geschehen in der Vergangenheit stattgefunden und noch einen Bezug zur Gegenwart hat.

Beispiel Da der Unfall des Schülers zwar schon einige Minuten her ist, er aber einen deutlichen Bezug zur Gegenwart hat (der Schüler ist ja immer noch verletzt), benutzt die Sekretärin auch die Formen des Perfekt:

Alex hat sich im Sportunterricht seiner Klasse leicht verletzt.

Er ist mit dem Fuß umgeknickt.

Will man eine Handlung beschreiben, die bereits beendet war, bevor das eigentliche Geschehen begann, sollte man das **Plusquamperfekt** (Vorvergangenheit) verwenden. Dieses Tempus wird mit den Präteritum-Formen von *sein* und *haben* gebildet, also mit *war, warst* usw. und *hatte, hattest* usw.

Beispiel Die Sekretärin benutzt diese Formen nicht, aber Alex erzählt seinen Eltern im Krankenhaus noch einmal, was passiert ist. Dabei greift er auf das Plusquamperfekt zurück:

Wir hatten die Mannschaften fertig eingeteilt und

waren schon durch einige Übungen aufgewärmt gewesen, als …

In bestimmten Fällen darf man die verschiedenen **Zeitformen** auch **mischen.** Dies ist vor allem dann erforderlich, wenn ein Ereignis in der Vergangenheit stattgefunden hat und ein anderes, noch fortdauerndes Ereignis nach sich zieht. In diesem Fall verwendet man eine der oben genannten Vergangenheitsformen – zum Beispiel das Perfekt – und kombiniert es mit einer Form des Präsens (Gegenwart).

Beispiel *Alex hat sich heute im Sportunterricht verletzt,*

er liegt jetzt im St. Elisabeth Krankenhaus.

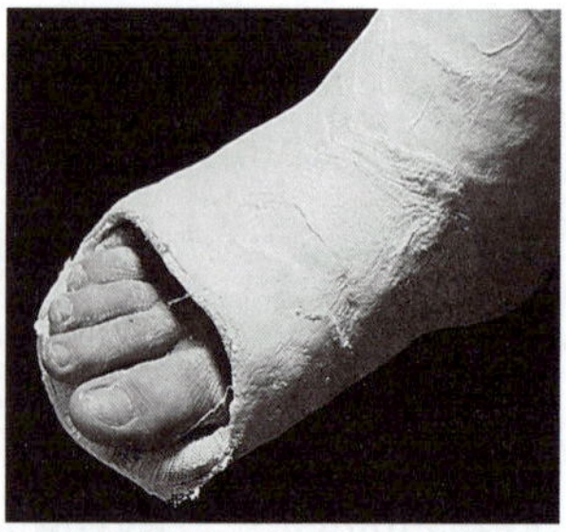

7.3 Der Aufbau des Berichts

Ähnlich wie eine Erzählung lässt sich auch ein guter Bericht in die drei Abschnitte **Einleitung, Hauptteil** und **Schluss** zerlegen, wobei jeder dieser Abschnitte einen bestimmten Beitrag zur sachlichen Information des Zuhörers leistet. Anders als in der Erzählung findet aber bei einem Bericht keine Spannungssteigerung statt. Dementsprechend gibt es auch keinen Höhepunkt.
Der Aufbau eines Berichts erinnert nicht an eine Pyramide (vgl. Seite 12), sondern bildet eine **einfache Linie der einzelnen Informationsschritte:**

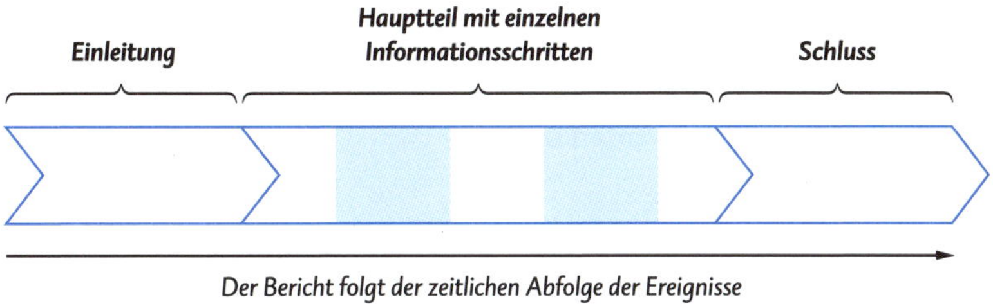

7.3.1 Die Einleitung

Die Einleitung hat die Aufgabe, dem Zuhörer die wichtigsten Informationen über das Geschehen zu geben. Wenn er sofort weiß, **worum es geht,** wird er die folgenden Schritte besser verstehen und kann sich auf die Einzelheiten konzentrieren. Die Informationen aus der Einleitung werden im Hauptteil nochmals etwas ausführlicher beschrieben. Es genügt also, wenn sie hier ganz **knapp zusammengefasst** werden.

Regeln für die Einleitung eines Berichts

- Die Einleitung ist **kurz** und enthält die **wichtigsten Informationen.**
- Sie orientiert sich dabei an den **W-Fragen:** Was ist wem, wann, wo passiert?

Beispiel Die 6b möchte eine Klassenzeitung zusammenstellen, in die auch kurze Berichte über lustige Ereignisse aufgenommen werden. Leo erinnert sich an einen Vorfall aus dem Chemie-Unterricht und formuliert die richtige Einleitung:

Kurz vor den Sommerferien spielte André mit dem Schlauch am Spülbecken des Pultes im Chemiesaal. Er wollte einen kurzen Wasserstrahl aus der Tür herausspritzen und traf Herrn Kirch, der gerade vorbeiging, genau ins Gesicht.

Aufgabe 68 Notiere in einer Tabelle, wie der W-Fragesatz in der von Leo formulierten Einleitung beantwortet wird.

Was	ist	wem	wann	wo	passiert?

Wenn du selbst von einem Ereignis berichtest, kannst du ebenfalls diese Fragesatz-Tabelle benutzen: Fülle die Tabelle zunächst aus und verbinde die Informationen dann zu einem kurzen Einleitungstext.

Achtung: Nicht alle Ereignisse, über die du einen Bericht schreiben kannst, folgen dem gleichen Aufbaumuster. Es kann daher immer vorkommen, dass weitere W-Fragen ergänzt werden müssen.

Beispiel Marina, die ebenfalls etwas zur Klassenzeitung beitragen möchte, hat die Tabelle bereits ausgefüllt:

Was	ist	wem	wann	wo	passiert?
Sie wurde eingeschlossen.		Christiane	am Montag, den 18. April, in der ersten großen Pause	im Klassenraum der 6 b	

Wenn du dir die Tabelle kritisch anschaust, fällt dir sicherlich auf, dass nicht alle wichtigen Fragen beantwortet werden. Man möchte darüber hinaus wissen:

- **Von wem** wurde sie eingeschlossen?
- **Warum** wurde sie eingeschlossen?

Marina kann diese Informationen natürlich ergänzen: Herr Klein hat sie eingeschlossen, weil er schnell wegmusste und nicht gemerkt hat, dass noch jemand im Raum war.

Aufgabe 69 Formuliere aus Marinas Informationen eine Einleitung für einen Bericht.

7.3.2 Der Hauptteil

Der Leser weiß nach der Einleitung bereits, was passiert ist. **Genauere Informationen zum Ablauf des Geschehens** erhält er im Hauptteil.

Regeln für den Hauptteil eines Berichts

- Der Hauptteil greift die Informationen aus der Einleitung nochmals auf.
- Er beschreibt den genauen Ablauf des Ereignisses **knapp, aber vollständig.**
- Er liefert die einzelnen Informationen in der **richtigen zeitlichen Reihenfolge.**
- Der erste Informationsschritt beschreibt die Ausgangssituation, der letzte befasst sich mit dem Ergebnis und den Konsequenzen des Ereignisses.

Beispiel Marinas Bericht für die Klassenzeitung enthält einen gelungenen Hauptteil, vor allem die einzelnen Informationsschritte lassen sich gut erkennen:

Christiane bekam noch mit, dass Herr Klein die Klasse zur Eile aufforderte. Er sprach von einem Termin in der Pause und wollte pünktlich im Lehrerzimmer sein.	*1. Informationsschritt:* ***Ausgangssituation***
Sie war gerade dabei, ihr Handy im Rucksack zu suchen, als sie hörte, wie die Tür abgeschlossen wurde.	*2. Informationsschritt*
Sie klopfte zwar noch laut gegen die Tür, doch Herr Klein war schon weg.	*3. Informationsschritt*
Christiane blieb nichts anderes übrig, als sich auf ihren Platz zu setzen und auf das Ende der Pause zu warten.	*4. Informationsschritt:* ***Konsequenzen***

Ähnlich wie bei der Einleitung lassen sich die einzelnen Informationsschritte durch eine Fragesatz-Tabelle herausfinden. Der – etwas abgeänderte – Fragesatz für den Hauptteil lautet: **Wer macht was, wann, wo, warum?**

Achtung: Beachte, dass nicht bei jedem Schritt alle Fragen angesprochen werden müssen!

Aufgabe 70 Vervollständige die folgende Tabelle zu Marinas Bericht:

	Wer	macht was	wann	wo	warum ?
1. Informationsschritt	Christiane	bekommt mit, dass Herr Klein die Klasse zur Eile auffordert	am Ende der Stunde	im Klassenraum	sie hört, was er sagt
2. Informationsschritt					
3. Informationsschritt					
4. Informationsschritt					

Wenn du die Vorgehensweise verstanden hast, kannst du die Tabelle und die Fragen für die Hauptteile aller Berichte benutzen, die du schreiben musst. Entweder zeichnest du die Tabelle tatsächlich auf ein Notizblatt und füllst sie für deinen konkreten Bericht aus, oder du beantwortest – wenn du etwas geübter bist – die Fragen im Kopf. Die Anzahl der Informationsschritte kann übrigens bei verschiedenen Ereignissen sehr unterschiedlich sein!

Aufgabe 71 Barbara hat sich ein paar Notizen zu einem lustigen Ereignis in der Klasse gemacht. Formuliere auf dieser Grundlage die Einleitung und den Hauptteil eines Berichts für die Klassenzeitung.

- Auf der Klassenfahrt nach Mainz
- Montag, 17. 3., 22.15 Uhr
- Jungenzimmer der Jugendherberge, Erdgeschoss
- Bettruhe war für 22 Uhr angeordnet
- Herr Schönhoff kontrolliert alle Zimmer
- Findet im Jungenzimmer die Betten leer
- Fenster weit geöffnet
- Vermutet: Kinder sind aus dem Fenster geklettert
- Ruft aus dem Fenster
- Jungs kichern im Schrank
- Schönhoff entdeckt den Streich

7.3.3 Der Schluss

Ebenso wie der Schluss der Erzählung (vgl. Seite 29) hat auch der Schluss des Berichts die Aufgabe, das vorher Geschilderte abzurunden. Er kann einen weiteren kurzen Handlungsschritt enthalten, der die Situation auflöst, nochmals zusammenfassen, worüber berichtet wurde, oder einen kurzen Ausblick in die Zukunft geben.

Regeln für den Schluss eines Berichts

- Der Schluss **rundet** das Geschilderte **ab.**
- Möglich sind hier eine **Auflösung der Situation,** eine **Zusammenfassung** oder ein kurzer **Ausblick** in die Zukunft.

Beispiel Der Schluss des Berichts über Christianes „Gefangenschaft" könnte lauten:

Erst am Ende der Pause kam die Klassenlehrerin Frau Meierlein und öffnete die Tür. Erstaunt blickte sie Christiane an und fragte nach dem Grund ihrer „Gefangenschaft". Christiane erzählte ihr die ganze Geschichte.

Aufgabe 72 Barbara erinnert sich noch, wie Herr Schönhoff auf den Streich mit den leeren Betten reagierte. Sie erzählt es ihrer Freundin:

Formuliere einen Schluss für den Bericht über den Streich, der sich an Barbaras wörtlicher Rede orientiert.

8 Worüber kannst du berichten?

Alles, was du bisher grundlegend über den Bericht gelernt hast, gilt für alle Formen dieser Textsorte. Welche Besonderheiten du darüber hinaus speziell beim Unfallbericht, beim Erlebnis- und Erfahrungsbericht, beim Ereignisbericht, beim Tätigkeitsbericht und beim Bericht über ein Vorhaben beachten solltest, erfährst du in den folgenden Kapiteln.

8.1 Über Unfälle berichten

Eine der am häufigsten benutzten Berichtformen ist sicherlich der Unfallbericht. Zeitungen berichten von Unfällen, es kann aber auch vorkommen, dass du selbst jemandem von einem Unfall berichtest. Vielleicht musst du sogar als Unfallzeuge bei der Polizei aussagen.
Am Beispiel mit dem Unfall im Sportunterricht (Seite 65 ff.) hast du bereits gesehen, worauf es hier vor allem ankommt:

Der Unfallbericht

- Der Unfallbericht schildert das Ereignis **möglichst detailliert** (d. h. in vielen Einzelheiten).
- Er beantwortet die wichtigsten W-Fragen.
- Es wird nichts hinzuerfunden.
- Der Bericht enthält keine eigene Meinung.
- Der Bericht orientiert sich an der zeitlichen Reihenfolge der Ereignisse.

Aufgabe 73 Manni war zufällig Zeuge, als sein Kumpel Werner mit dem Motorrad eine alte Frau auf dem Zebrastreifen zu Fall brachte. Werner hatte ignoriert, dass sie gerade die Straße überquerte, und fuhr viel zu schnell knapp vor ihr über den Zebrastreifen. Dem Wachtmeister liefert Manni folgenden „Bericht“ ab.
Markiere alle Stellen, an denen Manni gegen eine der oben genannten Regeln verstößt, und schreibe daneben, was hier falsch ist.

Also die ganze Sache passierte so rund vor einer Stunde, vielleicht auch vor einer halben. Ich weiß es nicht so genau. Die alte Frau wollte gerade über den Zebrastreifen gehen, da hört man auch schon, wie der Werner mit seiner Kiste angefahren kommt. Ich sag’ schon seit Jahren, dass das Motorrad nichts taugt. Der Motor ist einfach nicht richtig abgestimmt. Und allein schon die Farbe von dem Ding … Na ja, schnell kann der sowieso nicht damit fahren. Der kam auch ganz langsam angekrochen. Ich sag' mal, wenn man nicht genau hingeschaut hätte, hätte man gedacht, der bewegt sich gar nicht. Die Frau war auch noch gar nicht in Reichweite des Zebrastreifens. Werner ist dann ganz normal weitergefahren – da war ja niemand. Der hat auch noch genau hingeschaut und sich auf die Straße konzentriert. Und dann rannte die los und ließ sich fallen. Bevor das passiert ist, hat der Werner mir auch noch zugewunken. Ich kann mir vorstellen, dass die Alte auch noch über die Motorradfahrer geschimpft hat, die sah schon gerade so aus …

Aufgabe 74 Der Wachtmeister ist nicht gerade begeistert von Mannis Bericht. Er versucht aber, die wichtigsten Informationen herauszufiltern. Von einem anderen Zeugen weiß er, dass der Unfall gegen 19.30 Uhr passierte. Die Straße mit dem Zebrastreifen heißt *Landweg,* Werners Nachname ist *Schumacher,* die alte Frau heißt *Erika B.* Natürlich hat Werner die Frau nicht wirklich gesehen, er hat nämlich gerade zu Manni geschaut. Hilf dem Polizisten, indem du die Tabelle ausfüllst (vgl. die Tabelle auf Seite 74).

	Wer	macht was	wann	wo	warum ?
1. Informations-schritt					
2. Informations-schritt					
3. Informations-schritt					
4. Informations-schritt					

Aufgabe 75 Formuliere einen Unfallbericht auf der Grundlage der ausgefüllten Tabelle. Schreibe die Einleitung, den Hauptteil und den Schluss, wie es in den vorausgehenden Kapiteln gezeigt wird.

8.2 Über Erlebnisse und Erfahrungen berichten

Willst du von Erlebnissen oder Erfahrungen berichten, musst du im Prinzip die selben Regeln beachten wie beim Unfallbericht. Je nachdem, *wem* du berichtest, brauchst du allerdings die eine oder andere Information nicht so präzise zu benennen. In der Regel geht es dem Zuhörer hier ja mehr um das Ganze und nicht so sehr um jede Einzelheit.
Wenn du von eigenen Erlebnissen oder Erfahrungen berichtest, besteht die große Gefahr, dass du zu sehr ausschmückst und Wertungen in den Text einfließen lässt. Aber auch bei dieser Berichtform ist der sachliche Schreibstil angebracht!

Der Erlebnis- und Erfahrungsbericht

- Die Regeln stimmen mit denen des Unfallberichts (Seite 76) überein.
- Achte darauf, den Bericht nicht auszuschmücken und keine eigene Wertung einzubauen.

Aufgabe 76 Frau Meierlein hat mit ihrer Klasse einen Ausflug nach Trier unternommen. Nach der Fahrt ist es ihr gelungen, einen Sponsor für diese kurze Klassenfahrt zu finden. Die örtliche Bank hat sich bereiterklärt, einen Teil der Kosten zu übernehmen. Der Sachbearbeiter erwartet allerdings einen Bericht über die Unternehmungen in Trier.

Alle Schülerinnen und Schüler der Klasse möchten beim Sammeln der Erlebnisse während der Klassenfahrt behilflich sein. Zunächst reden sie allerdings wild durcheinander.

Schreibe den Bericht für den Sachbearbeiter der Bank, gehe dabei so vor:

a) Unterstreiche in den Sprechblasen die brauchbaren Informationen.
b) Bringe die Informationen in die richtige zeitliche Reihenfolge und formuliere den Bericht. Beginne folgendermaßen: *Am 13. Juni dieses Jahres machte die Klasse 6c des Schiller-Gymnasiums einen Ausflug nach Trier …*

Gut, dass wir pünktlich um 11.00 Uhr ankamen, so hatten wir wenigstens etwas von dem Tag.

Während der Domführung nach dem Essen bin ich fast eingeschlafen.

Das Mittagessen hat mir gar nicht geschmeckt. Ich war sowieso gegen die Pizzeria.

Also ich glaube, wir haben wirklich etwas über die Geschichte der Stadt gelernt.

Mir hat die Stadtführung unmittelbar nach der Ankunft gut gefallen.

Wenn wir nicht schon um 16.00 Uhr zurückgefahren wären, hätten wir unseren Spaziergang an der Mosel noch etwas ausdehnen können.

Ich fand es blöd, dass die Fahrt ausgerechnet am 13. Juni stattgefunden hat. Ich hatte an dem Tag nämlich Geburtstag und wollte lieber zu Hause feiern.

Habt ihr gesehen, wie schön das kurfürstliche Schloss eingerichtet war? Gut, dass es so nah am Dom lag, so mussten wir nach der Domführung nicht so weit laufen, um dorthin zu gelangen.

8.3 Über Ereignisse berichten

Auf den Seiten 71 ff. wurde von einer Klasse erzählt, die Berichte über lustige Ereignisse in einer Klassenzeitung zusammenstellt. Wie wertvoll eine solche Sammlung ist, zeigt sich eigentlich erst ein paar Jahre später, wenn man die Zeitung nochmals zur Hand nimmt und sich an die vielen Vorfälle erinnert.
Die Berichtform, die hierzu gewählt wird, heißt **Ereignisbericht.** Auch diese Form folgt wieder den allgemeinen Regeln (Seite 65 ff.).

Der Ereignisbericht

- Der Ereignisbericht berichtet von Vorfällen, die nicht ganz alltäglich sind.
- Er darf das Ereignis als etwas Besonderes herausstellen.
- Dazu sind kürzere Ausschmückungen erlaubt.
- Am Schluss kann ein kurzes persönliches Urteil über das Ereignis formuliert werden.

Aufgabe 77 Mike möchte für die Klassenzeitung von der Lesenacht berichten, welche die Klasse mit ihrem Deutschlehrer im vergangenen Monat durchgeführt hat. Ein Notizzettel, den er sich damals extra angefertigt hat, hilft ihm dabei.
Formuliere aus den Informationen einen Bericht für die Klassenzeitung.

Lesenacht am 18. Mai im Megina-Gymnasium Mayen
- Ort: kleine Turnhalle
- Anwesende: die gesamte Klasse 5 c
- Betreuung: Klassenlehrerin Frau Kamps und Frau Schwarz (Lenas Mutter)
- 18.30 Uhr: Vorbereiten des Raumes: Matten werden im Kreis auf den Boden gelegt
- 19.00 Uhr: gemeinsames Abendessen (selbst gemachte Pizza)
- 20.15 Uhr: Beginn der Lesenacht: alle liegen auf Matten, Gesichter zur Mitte
- bis 21.30 Uhr: mit kurzen Pausen lesen wir reihum einige Kapitel aus dem Buch „Insel der blauen Delphine"
- 21.30 bis 22.00 Uhr: wir schauen einige Dias zum Leben der Indianer an
- 22.00 bis 22.30 Uhr: Pause
- 22.30 bis 23.00 Uhr: Fr. Kamps und Fr. Schwarz lesen Gruselgeschichten vor
- danach: alle sind müde und schlafen schnell ein
- Die Lesenacht hat allen gut gefallen!

8.4 Über Tätigkeiten berichten

Wie du von Unfällen und Ereignissen berichten kannst, so lässt sich auch über eine Tätigkeit, die du ausgeführt hast, ein Bericht schreiben. Für den **Tätigkeitsbericht** gelten die gleichen Regeln wie für alle Berichte (Seite 65 ff.).
Tätigkeitsberichte haben in erster Linie eine **lehrhafte Funktion:** Auf der Grundlage einer Tätigkeit, die schon einmal erfolgreich ausgeführt und aufgeschrieben wurde, sollen die Leser die gleiche Tätigkeit noch einmal ausführen können. Tätigkeitsberichte, die dazu dienen, bestimmte schwierige Arbeitstechniken zu beschreiben, finden sich oft bei der Weitergabe alter Handwerkstraditionen oder in der Landwirtschaft. Damit seine Söhne und Enkel das alte Handwerk fortführen konnten, schrieb zum Beispiel ein Winzer genau auf, wie er beim Bau eines hölzernen Weinfasses vorgegangen ist.
Du merkst sicherlich, welches Ziel ein Tätigkeitsbericht im Unterschied zu einer Erlebniserzählung verfolgt: Es geht nicht darum zu beschreiben, wie eine Person irgendetwas erlebt hat und wie dieses Erlebnis auf sie gewirkt hat, sondern es geht um eine **möglichst exakte Beschreibung einzelner Arbeitsschritte einer Tätigkeit.**

Fachbegriffe dienen dazu, bestimmte Gegenstände und Handgriffe, die nur für spezielle Tätigkeiten gebraucht werden, exakt zu bezeichnen. Der kundige Zuhörer oder Leser weiß sofort, was mit dem Begriff gemeint ist, und kann die beschriebene Tätigkeit im Kopf – oder in der Wirklichkeit – nachvollziehen.

Für einen präzisen und abwechslungsreichen Tätigkeitsbericht ist es wichtig, verschiedene **geeignete Verben** (Tätigkeitswörter) zu benutzen.

Der Tätigkeitsbericht

- Der Tätigkeitsbericht beschreibt ganz genau die **einzelnen Schritte** einer Tätigkeit.
- Hilfsmittel und Gegenstände, die bei der Ausführung der Tätigkeit wichtig sind, werden mit den passenden **Fachbegriffen** bezeichnet.
- Der Bericht verwendet **geeignete Verben,** um die Tätigkeiten exakt zu beschreiben.

Achtung: Wenn Verben in Nomen (Hauptwörter) umgewandelt werden, wird der Anfangsbuchstabe groß geschrieben. Man nennt eine solche Umwandlung **Nominalisierung.**

Beispiele *wir beseitigten die alten Pflanzen* → *das **B**eseitigen der alten Pflanzen*
ich lockerte den Boden auf → *das **A**uflockern des Bodens*

Aufgabe 78 Carina hat während der Ferien bei ihren Großeltern auf dem Bauernhof geholfen. Am ersten Schultag nach den Ferien erzählt sie davon …

Ich war also in den Sommerferien bei meinen Großeltern in Weidenbach zu Gast. Am zweiten Morgen des Urlaubs sollte ich mit Oma das kleine Beet vor dem Haus neu bepflanzen. Als ich zum Frühstück kam, war sie schon weg und Opa sagte, sie sei mit dem Fahrrad ins Dorf gefahren, um die neuen Blumen zu besorgen. Ich war gerade fertig mit dem Frühstück, als sie zurückkam, und wir konnten sofort beginnen. Zunächst mussten wir die alten, inzwischen verdorrten Pflanzen beseitigen. Wir zogen sie mit der Hand aus dem Boden und warfen sie in eine Schubkarre, die wir extra dafür bereitgestellt hatten. Danach zeigte mir Oma, wie man mit einer Harke umgeht. Ich musste sie ziemlich fest herunterdrücken, um den Boden etwas aufzulockern. An manchen Stellen musste Oma auch mit einer großen Hacke nachhelfen. Wir mischten schließlich noch einen großen Sack Blumenerde unter den aufgelockerten Boden und verteilten ihn mit dem Rechen, damit die neuen Pflanzen auch genügend Nährstoffe finden würden. Als wir alles wieder glatt gestrichen hatten, durfte ich mit einem Setzeisen Löcher in den Boden stechen. Wir gaben nochmals etwas Blumenerde in die Löcher und steckten die neu gekauften Pflänzchen hinein. Mit dem Handrücken wurden sie leicht angedrückt. Als wir alle Pflänzchen eingesetzt hatten, durfte ich das ganze Beet mit der Gartenbrause wässern. Wir waren wirklich stolz auf unsere Arbeit.

a) Carina erinnert sich an jeden einzelnen Arbeitsschritt. Notiere die Schritte stichwortartig untereinander. Beginne folgendermaßen:

1. Beseitigen der alten Pflanzen
2. Auflockern des Bodens mit …
3. …

b) Da Carina ihrer Oma schon öfter geholfen hat, kennt sie sich mit den Geräten zur Gartenarbeit gut aus. Notiere die Fachbegriffe für die einzelnen Gartengeräte und Hilfsmittel, die Carina benutzt.

c) Carina verwendet abwechslungsreiche Verben. Unterstreiche fünf davon.

d) Von ihrer Tätigkeit am Blumenbeet teilt Carina ihren Mitschülern in einer langen Erzählung mit. Versuche, den Text in einen Bericht umzuformulieren. (Tipp: Einige Elemente aus Carinas Geschichte können so bleiben!)

Aufgabe 79 Carina hat schon einmal in einem Schulaufsatz vom Bauernhof ihrer Großeltern berichtet. Damals war sie bei der Wahl ihrer Verben allerdings nicht so einfallsreich. Schreibe die Satzausschnitte neu, indem du die Formen von *machen* und *tun* durch passende Verben ersetzt.

a) … wir machten den Stall sauber …

____

b) … taten das alte Stroh auf den Misthaufen …

____

c) … machten den Boden mit dem Schlauch nass …

____

d) … taten frisches Stroh auf den Boden …

____

e) … machten es mit unseren Füßen glatt …

____

f) … machten die Tür zum anderen Stall auf …

____

Aufgabe 80 Wie du an den folgenden wörtlichen Reden siehst, ist die Verständigung ohne Fachbegriffe oft sehr umständlich. Kennst du die gesuchten Fachbegriffe?

a) *Auf der Baustelle:* Ich brauche diesen kleinen Schraubenzieher, mit dem man sich davon überzeugen kann, ob ein Kabel unter Strom steht oder nicht.

b) *Im Reitstall:* Statte das Pferd mit diesen Riemen und Schnallen aus, damit man es reiten kann.

c) *Auf einem Schiff:* Das Rettungsboot ist dahinten unter diesem runden kleinen Fenster.

d) *Im Operationssaal:* Schnell, geben Sie mir dieses kleine chirurgische Messer, mit dem man Gewebe scharf durchtrennen kann.

e) *Im Deutschtest:* Notiere den Fachbegriff für diejenigen Hinweise auf Gefühle und Stimmungen von Erzählfiguren, die nicht ausdrücklich im Text, sondern „zwischen den Zeilen" stehen.

f) *In der Apotheke:* Haben Sie so ein Ding, in welchem man Erkältungstropfen in Wasser auflösen kann, sodass gesunde Dämpfe entstehen? Wenn man sich mit der Nase darüber beugt und tief einatmet, kann man damit die Erkältungsbeschwerden lindern.

g) *Im Hallenbad:* Gibt es in diesem Hallenbad auch so einen Bereich, in dem man sich auf Liegestühlen unter warme rote Lampen legen kann? Das ist immer so entspannend.

h) *Im Mathe-Unterricht:* Kann mir jemand eines dieser dreieckigen Lineale leihen, auf denen zusätzlich ein Winkelmesser abgebildet ist?

i) *Vor der Alarmübung:* Wenn ihr dieses laute, heulende Geräusch hört, das man von der Feuerwehr kennt, müsst ihr schnell herauslaufen.

j) *Im Indianerbuch:* Schnell! Gib mir noch ein paar Pfeile aus diesem rohrförmigen Lederbehältnis, das man sich auf den Rücken schnallen kann.

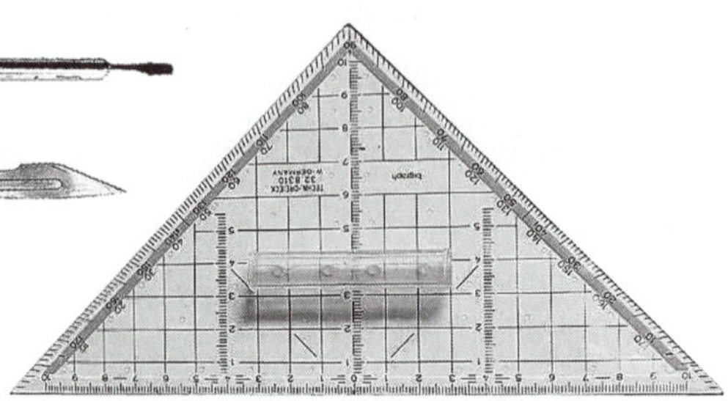

8.5 Über Vorhaben berichten

Alle Berichtformen, die du bisher kennen gelernt hast, haben eines gemeinsam: Sie berichten von Ereignissen, die in der Vergangenheit lagen, die also bereits stattgefunden haben. Demgegenüber ist es aber auch möglich, einen Bericht über etwas **Zukünftiges** zu formulieren, zum Beispiel über ein bestimmtes Vorhaben. Die allgemeinen Regeln für den Bericht (Seite 65 ff.) gelten selbstverständlich auch für diese Form.
Über ein Vorhaben zu berichten, ist meistens dann wichtig, wenn wir etwas unternehmen wollen, auf das sich andere Menschen einstellen müssen. Sie können dann durch einen genauen Bericht in die **Planung** einbezogen werden. Natürlich kann man nie genau wissen, ob alles genau so eintreffen wird, wie es geplant war. Wichtige Rahmenbedingungen und Vorhaben lassen sich aber durchaus im Voraus beschreiben.

Achtung: Um auszudrücken, dass eine Tätigkeit in der Zukunft stattfinden wird, musst du nicht immer die Futur-Form mit einer Form von *werden* bilden (also z. B. *Wir werden ... veranstalten*). Du kannst sie auch durch *sollen* und *wollen* umschreiben (also z. B. *Wir wollen ... veranstalten, diese soll ... dauern*).

Der Bericht über ein Vorhaben

- Das Tempus (Zeitform) des Berichts über ein Vorhaben ist das Futur (Zukunft).
- Daten, Uhrzeiten und Details des Vorhabens werden möglichst präzise genannt.
- Manches kann nur als Vermutung geäußert werden, da noch nicht sicher ist, ob es wie geplant stattfinden wird.

Beispiel

Stelle dir vor, ein Tennisverein plant eine Vereinstour. Selbstverständlich rufen die Vorsitzenden nicht einen Tag vorher bei den Sportlern an und verkünden: „Morgen geht's los!" Damit sich jeder auf die Fahrt vorbereiten kann, entwerfen sie einen Bericht über ihr Vorhaben.

Aufgabe 81

Die Schülervertretung plant gerade ein Sommerfest, an dem sich jede Klasse mit einem Beitrag beteiligen soll. Damit die Verantwortlichen einen Überblick über die Beiträge bekommen, sollen die Klassen jeweils einen Bericht über ihr Vorhaben beim Schülersprecher abgeben.
Die Klasse 6e einigt sich darauf, eine Modenschau vorzuführen, bei der sich einzelne Schülerinnen und Schüler als Lehrer verkleiden. Die Zuschauer sollen raten, wer jeweils dargestellt wird. Im Stuhlkreis werden Ideen gesammelt:

FRANK: Wir machen eine Modenschau, bei der wir uns als Lehrer verkleiden.
MAIKE: Genau, die anderen sollen raten, wer jeweils dargestellt ist.
CARINA: Ich könnte das Ganze moderieren und die Ansagen machen.
FRANK: Gute Idee. Du kannst ja auch am Anfang erklären, was wir vorhaben.
EVA: Wie machen wir es mit den Ratevorschlägen des Publikums?
MAIKE: Wer es weiß, soll sich melden. Carina kann die Leute ja dann aufrufen. Wenn sie richtig geraten haben, bekommen sie einen Preis.
FRANK: Wann sollen wir die Modenschau denn machen?
CARINA: Am besten ab 11.00 Uhr. Da ist die Bühne in der Turnhalle noch frei.
FRANK: Genau, wir gehen auf die Bühne in der Turnhalle.
EVA: Wir sollten aber nicht mehr als acht Raterunden durchführen, sonst dauert es zu lange.
MAIKE: Da bin ich deiner Meinung. Wenn alles klappt, sind wir in 45 Minuten fertig.

Formuliere den Bericht für den Schülersprecher. Beachte das Tempus! Beginne folgendermaßen: *Die Klasse 6e wird zwischen 11.00 Uhr und voraussichtlich 11.45 Uhr eine Modenschau auf der Bühne der Turnhalle vorführen …*

Beschreiben

9 Worauf kommt es beim Beschreiben an?

Eigentlich wollte die 6a doch einen Ausflug in den Tier- und Freizeitpark machen. Wenn du die Gespräche während der Busfahrt genau verfolgst, könntest du allerdings glauben, es ginge um eine Übungsstunde für die Aufsatzform **Beschreibung.** Der kurze Blick in den Bus zeigt, was so alles beschrieben werden kann: Kleidungsstücke, Menschen, Bastelideen, Tiere, Wegstrecken und vieles mehr. Um herauszufinden, worauf es bei einer Beschreibung vor allem ankommt, musst du dich in die Lage der **Gesprächspartner** versetzen und überlegen, welches **Ziel** das Gespräch verfolgt.

Beschreiben: Grundlagen

- Bei der Beschreibung versucht der Sprecher dem Hörer ein **möglichst genaues** Bild von einem Gegenstand, einem Vorgang, einer Person, einem Tier o. Ä. zu vermitteln.
- Der Sprecher hat dabei eine bestimmte Vorstellung des zu Beschreibenden im Kopf. Sein Ziel ist es, dass der Zuhörer eine ähnlich genaue Vorstellung davon bekommt.
- Je präziser eine Beschreibung ist, um so größer ist die Übereinstimmung zwischen dem, was Sprecher und Hörer sich vorstellen.

Beispiel

Dieser Hundebesitzer beschreibt seinen Hund Boris offenbar nicht sehr präzise, sodass seine eigene Vorstellung von der des Zuhörers erheblich abweicht.

10 Wie verfasst du eine (Gegenstands-)Beschreibung?

Mithilfe der folgenden Kapitel kannst du das genaue Beschreiben üben, sodass du es besser machst als der Hundebesitzer.

Achtung: Die allgemeinen Hinweise, die Beispiele und die Aufgaben im Kapitel 10 gehören vorwiegend zum Bereich „Gegenstandsbeschreibung", sie lassen sich aber auf alle anderen Beschreibungen übertragen. Welche Besonderheiten du darüber hinaus bei der Beschreibung von Vorgängen, Personen und Tieren beachten musst, erfährst du dann jeweils in eigenen Kapiteln.

10.1 Die Vorbereitung: Genaues Beobachten

Wer beim Beschreiben einfach drauflosschreibt oder -redet, dem unterlaufen leicht Fehler, welche die Beschreibung unklar und missverständlich machen. Mit einer guten Vorbereitung lässt sich das vermeiden.

Wenn du einem Gesprächspartner eine genaue Vorstellung von etwas vermitteln möchtest, so musst du dir zunächst über deine eigene Vorstellung klar werden. Es gilt, möglichst viele **Eigenschaften** des zu Beschreibenden zu sammeln und möglichst viele **Besonderheiten** zu benennen. Besonderheiten sind solche Eigenschaften, die das zu Beschreibende von allen anderen vergleichbaren Gegenständen/Vorgängen/Personen/Tieren unterscheiden. Je mehr Besonderheiten du findest, umso eindeutiger ist die Beschreibung.

Als Nächstes geht es darum, die gesammelten Eigenschaften bestimmten **Oberbegriffen** zuzuordnen. Das Finden von Oberbegriffen bereitet das geordnete, übersichtliche Beschreiben vor und du musst das sicherlich üben. Da sich die Oberbegriffe aber bei vielen Beschreibungen wiederholen oder nur leicht unterscheiden, wirst du schnell eine gewisse Sicherheit bekommen.

Wie bereitest du eine Beschreibung vor?

- Schau dir das zu Beschreibende ganz genau an oder stelle es dir gedanklich vor, um **möglichst viele Eigenschaften und Besonderheiten** berücksichtigen zu können.
- **Ordne** diese Einzelheiten dann im Kopf oder auf einem Blatt **nach Oberbegriffen** (z. B. Größe, Farbe, Gewicht, Besonderheiten).

Beispiel

Eigenschaften (ungeordnet):
zwei Kratzer am linken Kotflügel, Mini Cooper, L x B x H = 3.635 x 1.925 x 1.408 mm, dunkelgrün, 115 PS (85 kw), Sitzheizung, kleine Delle vorne an der Motorhaube, schwarze Ledersitze, Seitenschweller, Dachantenne, Chromstreifen auf Stoßfänger, CD-Spieler, Leichtmetallräder, weißes Dach, weiße Außenspiegel, 200 km/h, 1150 kg, Kühlergrill mit Chromeinfassung, …

Oberbegriffe:
Automarke, Modell, Leistung, Ausführung, Farbe, Innenausstattung, Größe, Gewicht, Höchstgeschwindigkeit, Besonderheiten, …

Achtung: Du kannst bei der Vorbereitung der Beschreibung auch umgekehrt vorgehen und zuerst bestimmte Oberbegriffe suchen. Im zweiten Schritt beschreibst du diese dann detailliert, indem du Eigenschaften zuordnest.

Eine Hilfe bei der Vorbereitung kann das Erstellen einer **Mindmap** sein. Dazu werden die Oberbegriffe an die sternförmig angeordneten Hauptlinien geschrieben und die einzelnen Eigenschaften wie Äste angefügt. So verbindest du automatisch die beiden wichtigsten Schritte der Vorbereitung: das Sammeln und das Ordnen möglichst vieler Eigenschaften des zu Beschreibenden.

Beispiel

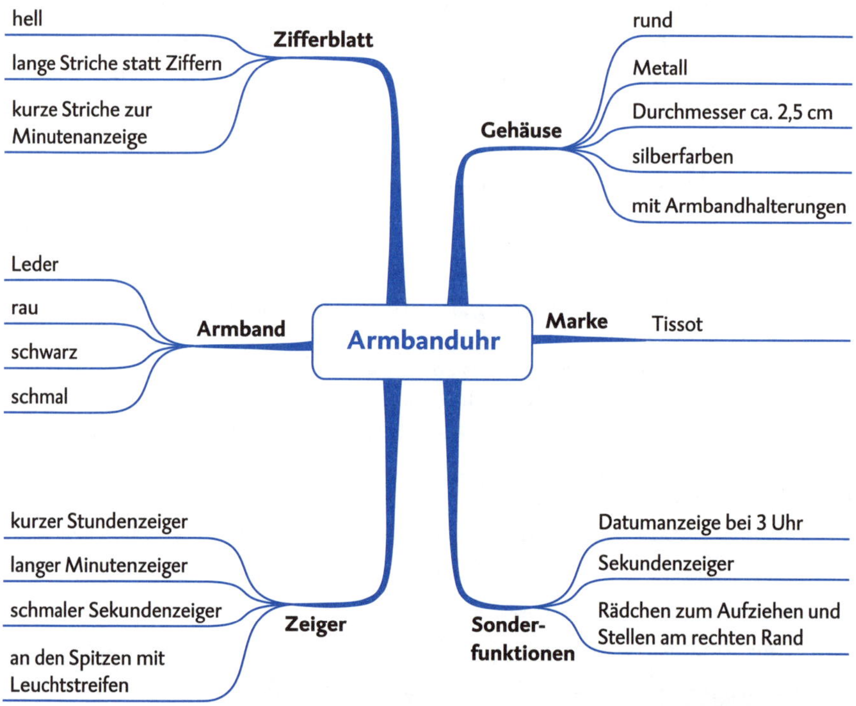

Aufgabe 82 Fertige eine Mindmap zur Beschreibung deiner eigenen Armbanduhr an. Wenn dir die hier abgebildete Uhr besser gefällt, kannst du stattdessen auch diese beschreiben.

Ebenso wie die Mindmap kann auch eine **Tabelle** helfen, Eigenschaften zu sammeln und diese bestimmten Oberbegriffen zuzuordnen. Bei der Beschreibung der Armbanduhr könnte dies so aussehen:

Beispiel

Oberbegriff	Eigenschaften
Gehäuse	rund / Metall / Durchmesser ca. 2,5 cm / silberfarben / mit Armbandhalterungen
Zifferblatt	hell / lange Striche statt Ziffern / kurze Striche zur Minutenanzeige
Zeiger	kurzer Stundenzeiger / langer Minutenzeiger / schmaler Sekundenzeiger / an den Spitzen mit Leuchtstreifen
Armband	Leder / rau / schwarz / schmal
Marke	Tissot
Sonderfunktionen	Datumanzeige bei 3 Uhr / Sekundenzeiger / Rädchen zum Aufziehen und Stellen am rechten Rand

Aufgabe 83 Fertige eine entsprechende Tabelle für deine eigene Uhr an.

Aufgabe 84 Lena hat die Aufgabe bekommen, ihr Federmäppchen zu beschreiben. Sie hat schon einige Eigenschaften gesammelt, die noch geordnet werden müssen. Suche Oberbegriffe für die Eigenschaften des beschriebenen Mäppchens. Sortiere die Eigenschaften in einer Mindmap <u>oder</u> in einer Tabelle.

Das Mäppchen ...
... ist außen hellblau
... ist ungefähr 20 × 10 cm groß
... hat einen gelben Reißverschluss
... kann aufgeklappt werden
... hat einen orange-gelben Aufnäher
... ist ungefähr 4 cm dick
... hat Platz für 8 Buntstifte, einen Radiergummi, einen Spitzer, einen Füller und ein Lineal
... ist auf der Außenseite mit Sprüchen und Namen bekritzelt
... enthält innen einen Papierstreifen, auf den ein Kalender gedruckt ist

10.2 Die Einleitung

Die Einleitung der Beschreibung kann **kürzer** sein als die des Berichts. Hier müssen nicht alle W-Fragen beantwortet werden. Es genügt, knapp zu erklären, worum es eigentlich geht. Ausreichend ist häufig ein **Einleitungssatz,** etwa nach dem Muster: *Beschrieben werden soll ... / Es geht im Folgenden um ...* Der Leser weiß dann, welcher Gegenstand, welcher Vorgang, welche Person oder welches Tier beschrieben wird.
Je nach dem Grund und der Absicht der Beschreibung kannst du auch noch angeben, warum du etwas beschreiben möchtest. Abhängig vom Beschreibungsgegenstand und der Situation können möglicherweise noch weitere Informationen in der Einleitung sinnvoll sein.

Regeln für die Einleitung einer Beschreibung

- Die Einleitung benennt **knapp, was** beschrieben werden soll.
- Sie kann je nach Gegenstand, Situation, Grund und Absicht der Beschreibung weitere Informationen (z. B. über einen Ort oder eine Zeit) enthalten.
- Sie leitet mit einem kurzen Satz auf den Hauptteil der Beschreibung über.

Beispiel Alicia hat beim Inlineskaten ihren Schlüsselbund verloren. Sie schreibt einige Suchzettel, die sie in der Nähe aufhängen will. Alicia beginnt folgendermaßen:

Leider habe ich	→ Einleitungsformulierung
meinen Schlüsselbund	→ Gegenstand, der beschrieben werden soll
verloren.	→ Grund der Beschreibung
Bitte helft mir bei der Suche.	→ Ziel und Absicht der Beschreibung
Er sieht folgendermaßen aus:	→ Überleitungssatz

...

Aufgabe 85 Alicias Schwester Denise möchte bei der Formulierung der Suchmeldung helfen. Sie findet in ihrem Schreibtisch einen alten Zettel, den sie selbst einmal in einer ähnlichen Situation geschrieben hat. Beim erneuten Lesen merkt sie allerdings, dass der Text auch überflüssige Angaben enthält.
Streiche alle unnötigen Aussagen durch. Erkläre deine Auswahl.

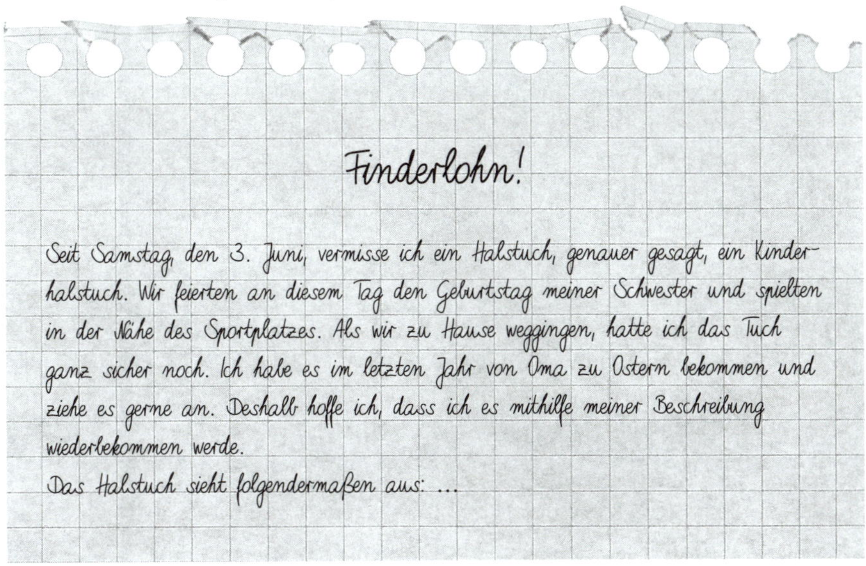

Finderlohn!

Seit Samstag, den 3. Juni, vermisse ich ein Halstuch, genauer gesagt, ein Kinderhalstuch. Wir feierten an diesem Tag den Geburtstag meiner Schwester und spielten in der Nähe des Sportplatzes. Als wir zu Hause weggingen, hatte ich das Tuch ganz sicher noch. Ich habe es im letzten Jahr von Oma zu Ostern bekommen und ziehe es gerne an. Deshalb hoffe ich, dass ich es mithilfe meiner Beschreibung wiederbekommen werde.
Das Halstuch sieht folgendermaßen aus: ...

10.3 Der Hauptteil

Der Hauptteil der Beschreibung verfolgt das Ziel, dem Zuhörer oder Leser eine möglichst genaue Vorstellung von dem zu vermitteln, was beschrieben werden soll. Dazu müssen die gesammelten und geordneten Eigenschaften sinnvoll zu einem Text verbunden werden.

Regeln für den Hauptteil einer Beschreibung

- Die gesammelten und mithilfe der Oberbegriffe übersichtlich geordneten Eigenschaften werden zu einem **fortlaufenden Text** verbunden.
- Die Beschreibung orientiert sich an der **Reihenfolge „vom Großen zum Kleinen“**, „vom Wichtigen zum Nebensächlichen“ und „vom Auffälligen zur Einzelheit“.
- Die Beschreibung von selbstverständlichen Eigenschaften sollte vermieden werden.
- Wichtig ist die Erwähnung von **Besonderheiten** (Eigenschaften, die das zu Beschreibende von vergleichbaren Gegenständen/Vorgängen/Personen/Tieren unterscheiden).
- Die **Sprache** ist **sachlich, präzise und abwechslungsreich.**

Beispiel Das Werbeangebot des Uhrenladens hält diese Regeln ein:

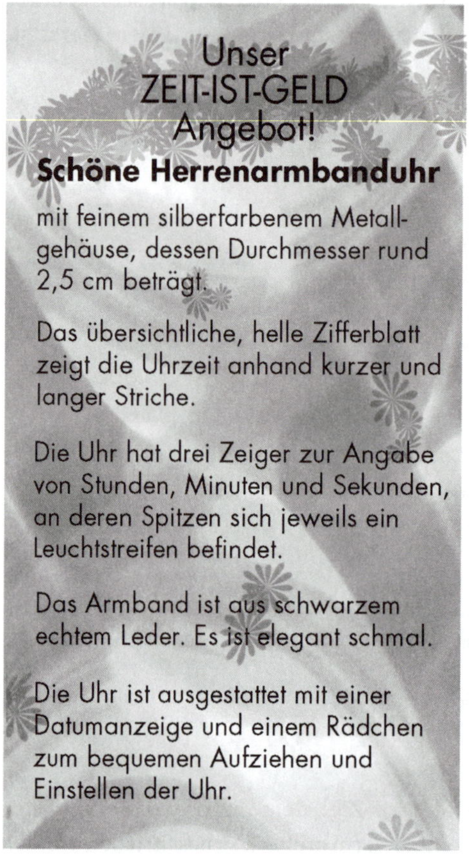

Nennen des Gegenstandes

Ausführungen zum Oberbegriff „Gehäuse"

Ausführungen zum Oberbegriff „Zifferblatt"

Ausführungen zum Oberbegriff „Zeiger"

Ausführungen zum Oberbegriff „Armband"

Ausführungen zum Oberbegriff „Sonderfunktionen"

Vom Großen zum Kleinen
Vom Wichtigen zum Nebensächlichen
Vom Auffälligen zur Einzelheit

Aufgabe 86 Wichtig ist es, die beschriebenen Eigenschaften in eine sinnvolle Reihenfolge zu bringen. Ordne die folgenden Eigenschaften nach ihrer Zusammengehörigkeit und der Reihenfolge, wie sie in einer Beschreibung vorkommen könnten:

a) hellbraunes Corpus – 3 Saiten aus Kunststoff – schwarz verziertes Schallloch – dunkelbraunes Griffbrett – 6 Saiten – goldene Bundmarkierungen – weiße Saitenspanner – 3 Saiten aus Metall – Gitarre

b) kleine schwarze Zahlen auf den Tasten – unteres Ende eckig – Handy – silberne Tasten – 5 cm breit – oberes Ende abgerundet – blaue Streifen – 10 cm lang – silberne Schale

c) schwarze Schnürsenkel – Damenhalbschuh – schwarzes Leder – abgelaufene Absätze – Schuh

Die **Sprache des Hauptteils** muss sachlich, präzise und abwechslungsreich sein, damit die Beschreibung ihren Zweck auch erfüllt. Folgende Regeln können dir dabei helfen, geeignete Formulierungen zu finden:

Die Sprache der Beschreibung

- Die Beschreibung bedient sich einer **sachlichen** und **objektiven Sprache,** sie enthält keine eigene Bewertung oder Meinung.
- **Präzise Fachbegriffe** dienen der eindeutigen Identifizierung des Beschriebenen.
- **Passende Adjektive** unterstützen die Genauigkeit der Beschreibung.
- Die Beschreibung sollte **abwechslungsreich** formuliert sein und Wiederholungen in der Wortwahl und im Satzbau vermeiden.

10.3.1 Objektive und subjektive Beschreibungen

Wie der Bericht, so darf auch die Beschreibung keine eigene Bewertung oder Meinung des Verfassers enthalten, da dies ihrer Absicht widersprechen würde: Die eigene Meinung ist viel zu persönlich und einmalig, als dass sie von anderen ohne weiteres genauso nachempfunden werden könnte. Die Größe eines Gegenstandes kannst du messen und ein anderer kann sich unter der Maßangabe wiederum etwas vorstellen. Bei einer persönlichen Beurteilung dagegen stellt sich nicht unbedingt jeder dasselbe vor.
Man unterscheidet in diesem Zusammenhang zwischen den **objektiven** Eigenschaften und den **subjektiv** empfundenen Eigenschaften. Objektiv sind jene Eigenschaften, die du messen und sehen kannst. Die objektiven Eigenschaften werden von allen Menschen genau gleich wahrgenommen. Die Eigenschaften, die auf einem rein persönlichen Urteil beruhen, nennt man auch die subjektiv empfundenen Eigenschaften. Diese müssen nicht von allen Menschen gleich empfunden werden.

Beispiel Die beiden Suchanzeigen für ein vermisstes Fahrrad verdeutlichen, wie wichtig es bei einer Beschreibung ist, subjektive Aussagen zu vermeiden:

Aufgabe 87 Ordne zu: Welche Aussagen sind objektiv? Welche Aussagen sind subjektiv?

Das Wasser ist rund 26 Grad Celsius warm. – Das Wasser ist mir heute zu kalt. – Du fährst mal wieder viel zu schnell. – Ich fahre genau 130 km/h. – Das Paket ist zu schwer für dich. – Das Paket wiegt 40 kg.

10.3.2 Die Verwendung von Fachbegriffen

Dass **Fachbegriffe** zur Präzision einer Beschreibung beitragen, kannst du im Kapitel über den Bericht nachlesen (Seite 81 ff.). Wenn Fachleute miteinander sprechen, ist es wichtig, dass sie genau wissen, wovon gerade die Rede ist. So müssen zum Beispiel während einer Operation die Ärzte durch die klare Verwendung von Fachbegriffen exakt sagen können, welches Instrument sie gerade brauchen. Hörst du als Nicht-Fachmann einem Gespräch unter Fachleuten zu, verstehst du meist nur „Bahnhof".
Falls du selbst einmal auf einen Fachbegriff stößt, den du nicht kennst, kannst du entweder im **Rechtschreib-Wörterbuch** oder in einem speziellen **Fremdwörter-Lexikon** nachschauen.

Achtung: Viele alte Fachbegriffe stammen aus der griechischen und der lateinischen Sprache, die lange als internationale Wissenschaftssprachen galten. Heute kommen viele Fachbegriffe aus dem Englischen. Fachbegriffe müssen allerdings nicht immer Fremdwörter sein, sie können auch aus der deutschen Sprache stammen.

Aufgabe 88 Versuche mithilfe eines Rechtschreib-Wörterbuches oder eines Fremdwörter-Lexikons die Bedeutung folgender Begriffe herauszufinden.

a) Hyperbel: ____________________

b) Philologe: ____________________

c) Kodex: ____________________

d) Bodyguard: ____________________

e) Patella: ____________________

f) Demokratie: ____________________

g) Wankelmotor: ____________________

h) Feuilleton: ____________________

i) Kipplore: ____________________

Aufgabe 89 Fachbegriffe werden bei der Beschreibung vor allem dann verwendet, wenn es darum geht, Einzelteile eines Gegenstandes genau zu bezeichnen.
Verbinde folgende Fachbegriffe mit den richtigen Teilen des Computers.

CD-Laufwerk

Diskettenlaufwerk

Drucker

Kabel

Monitor

Mouse

Mousepad

Screen

Tastatur

Aufgabe 90 Auch beim Nennen und Erklären der Materialien, aus denen der zu beschreibende Gegenstand besteht, ist es oft sinnvoll, auf Fachbegriffe zurückzugreifen – zum Beispiel beim Beschreiben eines Autos.
Schreibe hinter das jeweilige Teil des Autos, aus welchem Material oder aus welchen Materialien es besteht beziehungsweise bestehen kann.

a) Reifen: ______________________________

b) Karosserie: ______________________________

c) Sitze: ______________________________

d) Scheiben: ______________________________

e) Blinker: ______________________________

f) Felgen: ______________________________

g) Tür- und Dachisolierung: ______________________________

10.3.3 Genauigkeit durch passende Adjektive

Wenn du in deiner Beschreibung die richtigen Fachbegriffe verwendest, hast du schon einiges für ihre Genauigkeit getan. Noch präziser und eindeutiger wird die Beschreibung allerdings, wenn du **passende Adjektive** benutzt. Adjektive beschreiben Eigenschaften und für die meisten Beschreibungsgegenstände lassen sich Adjektive finden. Vor allem die **Farbe** und die **Form** des Beschreibungsgegenstandes und seiner Einzelteile wirst du mit Adjektiven beschreiben müssen.

Achtung: Zu jeder Farbe gibt es unzählig viele einzelne Farbtöne! So ist „blau“ nicht gleich „blau“, es gibt ja auch „himmelblau“, „königsblau“ usw.

Aufgabe 91 Notiere möglichst viele Farbtöne zur Farbe „rot“.

Aufgabe 92 Sammle möglichst viele Adjektive, die zu deiner Schultasche und deren Einzelteilen passen. Schreibe auch das Material dazu, aus dem die Einzelteile hergestellt sind. Du könntest etwa so beginnen:

Rückengurte: schwarzer, geriffelter Stoff

Eine größere Genauigkeit deiner Beschreibung erreichst du, indem du den Beschreibungsgegenstand mit anderen Gegenständen, die deinen Zuhörern bekannt sind, vergleichst. Dazu musst du auf die drei **Vergleichsformen** des Adjektivs zurückgreifen. Zu unterscheiden sind hier:

Grundstufe	Komparativ	Superlativ
groß	größer	am größten (oder: der/die/das größte)

Beschreibende Sätze lauten dann etwa:

Beispiele *Der Hund hat längere Ohren als andere Hunde seiner Rasse.*
Mein Rucksack ist der kleinste in der ganzen Klasse.

10.3.4 Abwechslungsreiche Formulierungen

Obwohl es bei einer Beschreibung in erster Linie um die Sache und nicht um den Schreibstil geht, solltest du dich bemühen, den Satzbau und die Wortwahl abwechslungsreich zu gestalten und Wiederholungen zu vermeiden.

So gestaltest du eine Beschreibung abwechslungsreich

- Verarbeite mehrere Informationen in einem Satz (z. B. *Mein blauer Füller ist rund 14 cm lang und aus drei Teilen zusammengesetzt.*).
- Setze Personalpronomen ein, damit du nicht immer wieder den Gegenstand nennen musst (z. B. *er* statt *der Füller*).
- Verwende Oberbegriffe und Umschreibungen, damit du nicht immer wieder dasselbe Substantiv zur Bezeichnung des Gegenstandes nennen musst (z. B. *das Schreibgerät* statt *der Füller*).
- Gestalte die Satzanfänge unterschiedlich, sie dürfen sich nicht zu oft wiederholen.
- Verändere den Satzbau.
- Benutze Attributsätze zur Verbindung einzelner Aussagen über den Beschreibungsgegenstand (z. B. *Der Griff des Füllers, der aus blauem Plastik besteht, ist ungefähr 7,5 cm lang.*).
- Ersetze die Verbformen von *sein* und *haben* durch Formulierungen wie *besitzt, besteht aus, weist auf, enthält, …*

Beispiel Es kann ja sein, dass folgende Beschreibung sehr präzise wird. Große Lust, sie zu lesen, hat aber wohl kaum jemand:

Mein Füller ist blau. Mein Füller ist rund 14 cm lang. Mein Füller ist aus drei Teilen zusammengesetzt. Mein Füller ist … Mein Füller ist …

Aufgabe 93 Formuliere die folgende Beschreibung abwechslungsreicher.

Mein tragbarer CD-Player hat ein silbernes Gehäuse. Der CD-Player hat die Klappe für die CDs oben. Der CD-Player hat auch ein Kassettenfach. Er hat das Kassettenfach vorne. Der CD-Player hat zwei Boxen. Der CD-Player hat eine Box links und eine Box rechts. Der CD-Player hat eine Radio-Antenne. Der CD-Player hat nämlich auch ein eingebautes Radio. Der CD-Player hat oben einige Knöpfe, mit denen man zum Beispiel die Lautstärke regeln kann.

10.4 Der Schluss

Wenn du dich im Hauptteil deiner Beschreibung an die Regeln hältst, ist eigentlich alles gesagt, was zu einer Beschreibung nötig ist. Rein sachlich betrachtet ist ein Schluss daher nicht mehr erforderlich. Dennoch kann es Informationen geben, die bei der einen oder anderen Beschreibung am Schluss genannt werden könnten.

Regeln für den Schluss einer Beschreibung

- Der Schluss enthält keine wichtigen Informationen zum Gegenstand der Beschreibung; diese müssen alle im Hauptteil genannt werden.
- Möglich sind hier je nach Gegenstand und Situation der Beschreibung eine Abrundung des Beschriebenen, ein Bezug zur Einleitung oder Informationen, die auf den Grund der Beschreibung verweisen.

Auch wenn am Schluss keine relevanten Informationen mehr gegeben werden, gehört es zur sprachlichen Höflichkeit, einen Text **abzurunden.** Einfache Möglichkeiten, einen abrundenden Schluss einer Beschreibung zu formulieren, sind Sätze wie:

Beispiele *So sieht also mein … aus.*
Das sind die wichtigsten und auffälligsten Eigenschaften meines …

Manchmal ist es auch erforderlich, am Schluss nochmals **Bezug auf die Einleitung** zu nehmen. Der Besitzer eines entlaufenen Dackels könnte etwa unter seinen Suchzettel schreiben:

Beispiel *Wenn Sie diese Beschreibung gelesen haben, werden Sie verstehen, warum ich den Hund wiederhaben möchte. Wenn Sie ihn also gesehen haben, teilen Sie es mir doch bitte mit!*

Weitere Inhalte für eine Schlussformulierung ergeben sich daraus fast von selbst: Der Hundebesitzer muss seinen Namen, seine Adresse oder seine Telefonnummer angeben, damit ein Finder sich bei ihm melden kann. Außerdem könnte er die Sorge um den Hund dadurch ausdrücken, dass er dem Finder eine kleine Belohnung anbietet.

Aufgabe 94 Formuliere den Schluss zu einer Suchbeschreibung für einen verlorenen Schulfüller.

10.5 „Erste Hilfe" für eine misslungene Beschreibung

Aufgabe 95 Im folgenden Text wird versucht, einen Schulrucksack zu beschreiben. Allerdings verstößt die Beschreibung gegen einige Regeln.

a) Markiere mit einem Rotstift Stellen, die dir als nicht so gut gelungen auffallen. Schreibe die Art des Fehlers an den Rand.

b) Du kannst das bestimmt besser! Verfasse eine neue Beschreibung.

Wo ist mein Rucksack?

Hat jemand meinen Rucksack gesehen? Ich habe ihn gestern, also am 2. 6., in der Turnhalle vergessen. Er sieht folgendermaßen aus:

An der kleinen Tasche vorne hat er einen unauffälligen Reißverschluss. Das Hauptfach des Rucksacks ist ungefähr 70 cm hoch, 30 cm breit und 25 cm tief. Das ist genau die richtige Größe für einen Rucksack, wie ich finde. Nur donnerstags passen nicht alle Schulbücher hinein, weil wir oft den Atlas mitnehmen müssen. An der Seite dieses Hauptfachs sind noch so kleine Dinger, in die man Stifte hineintun kann. Sie sind so breit wie die Seitenteile des Rucksacks und ungefähr ein Drittel so hoch. Man kann sie oben verschließen, indem man eine Stofflasche nach unten klappt. So sind ihre Inhalte vor Regen und Diebstahl geschützt. Wie gesagt, hat der Rucksack auch vorne eine kleine Tasche, in die ich oft das Lineal hineintue, das ich schon seit dem ersten Schuljahr habe. Verschlossen wird der mittlere Teil des Rucksacks – also das Hauptfach –, indem man eine große Lasche nach vorne klappt. Die Seitenteile sind oben extra derart abgerundet, dass man diesen Stoffdeckel darüberlegen kann. Zur Verzierung oder zur Verstärkung des Deckels sind zwei Bänder parallel darübergeführt. Sie bestehen aus demselben Material wie die Tragegurte. Am Ende der Bänder sind zwei leuchtend orange Plastikschnallen befestigt, mit denen man den Deckel verschließen kann. Man muss die Schnallen dazu in zwei passende Ösen am Vorderteil des Rucksacks tun.

Die Tragegurte sind aus demselben Material wie die Bänder. Oben am Deckel des Rucksacks ist zwischen den Tragegurten noch irgendwie so eine Art Schlaufe. Die soll wohl dafür gedacht sein, dass man den Rucksack mit einer Hand tragen oder an einen Haken aufhängen kann.
So sieht mein Rucksack aus. Wenn ihr ihn irgendwo gesehen habt, meldet euch doch bei Hans Becker, Klasse 5 e.

11 Vorgänge beschreiben

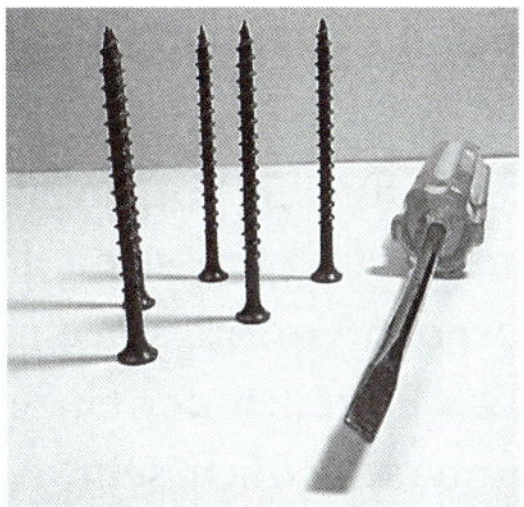

Kennst du das? Du baust mit deinen Eltern ein neu gekauftes Möbelstück zusammen. Kurz bevor ihr fertig seid, stellt ihr fest, dass eine bestimmte Schraube ganz zu Anfang hätte hineingedreht werden müssen – jetzt ist es zu spät und alles muss wieder auseinander genommen werden. Hättet ihr doch besser mal in der Montageanleitung nachgeschaut!

11.1 Was ist das Besondere?

Auch Montageanleitungen sind Beschreibungen und das Beispiel mit dem Möbelstück zeigt, welche Besonderheit sie haben: Neben den allgemeinen Kriterien, die du in den vorausgehenden Kapiteln nachlesen kannst, muss die **Vorgangsbeschreibung** – so heißt diese Form der Beschreibung – auch die **zeitlichen Abläufe** und die **Abfolge der einzelnen Handgriffe** berücksichtigen.
Vorgangsbeschreibungen finden sich häufig in unserer Alltagswelt. Sie begegnen uns als Bauanleitungen, Hinweise auf die Vorgehensweise bei handwerklichen Arbeiten, als Bedienungsanleitungen oder als Kochrezepte. Reparatur- und Bastelanleitungen sind ebenfalls Vorgangsbeschreibungen.

Vorgangsbeschreibung: Grundlagen

- Die allgemeinen Regeln der Beschreibung gelten auch für die Vorgangsbeschreibung.
- Die Vorgangsbeschreibung berücksichtigt und beschreibt die **zeitliche Abfolge der einzelnen Schritte,** sodass ein Leser oder Zuhörer den Vorgang exakt und in der richtigen Reihenfolge nachvollziehen kann.
- Die Vorgänge können in den Formen *Sie müssen, du musst, man muss* oder in den Formen des Imperativs beschrieben werden. Möglich ist außerdem eine Formulierung im Passiv.

Beispiel Die Montageanleitung für ein Möbelstück könnte so beginnen:

Bevor Sie mit dem Aufbau des Regals beginnen, müssen Sie zunächst einen Schraubenschlüssel, einen Kreuzschlitz-Schraubenzieher und eine Wasserwaage bereitlegen. Im ersten Arbeitsschritt müssen Sie den oberen und den unteren Regalboden an den vier Regalstützen befestigen. Dazu müssen Sie nacheinander die beigefügten Schrauben in die vorgebohrten Löcher drehen. Damit das Regal stabil wird, müssen Sie diese Schrauben sehr fest anziehen …

11.2 Die Vorbereitung: Einteilen der einzelnen Schritte

Bei den allgemeinen Informationen über die Beschreibung hast du gelernt, wie wichtig vorab das **genaue Beobachten** des zu Beschreibenden ist. Das gilt auch für die Vorgangsbeschreibung! Bei der Vorbereitung einer Vorgangsbeschreibung musst du darüber hinaus den **zeitlichen Ablauf** des zu beschreibenden Vorgangs in einzelne, aufeinander folgende Schritte einteilen.
Das Einteilen der einzelnen Schritte musst du üben, es kann von Fall zu Fall unterschiedlich sein. Achte darauf, dass in jedem Schritt möglichst nur eine oder zwei Handlungen ausgeführt werden. Dadurch wird es einfacher, die zeitliche Abfolge zu beschreiben.

Aufgabe 96 In der folgenden Skizze sind die Arbeitsschritte bereits eingeteilt, sie kann als Grundlage für eine Vorgangsbeschreibung benutzt werden. Es handelt sich um einen Zettel aus einer Dose mit Fahrradflickzeug.

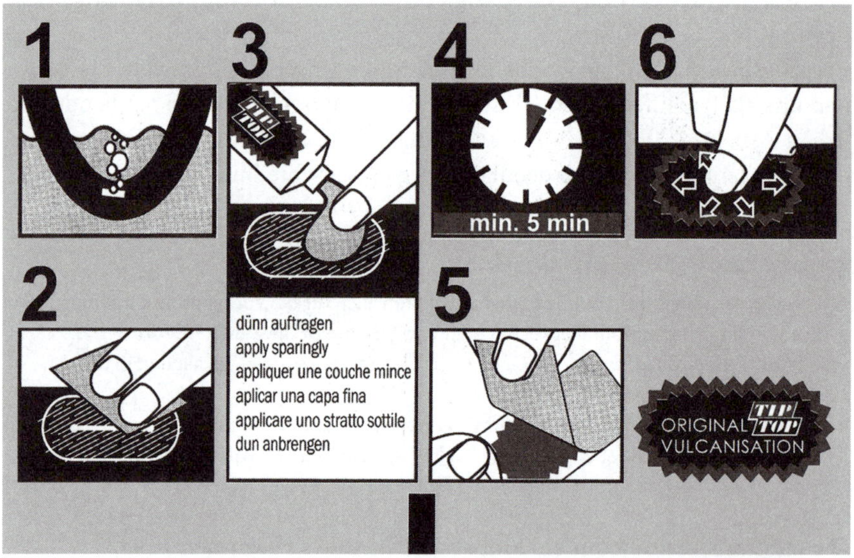

Folgende Gegenstände, die auch auf der Skizze abgebildet sind, gehören zu dem Flickzeug:

- ein Blatt raues Sandpapier,
- eine Tube mit Gummilösungsmittel (wirkt so ähnlich wie Klebstoff),
- Fahrradflickzeug in verschiedenen Formen und Größen.

Bevor du eine Anleitung – also eine Vorgangsbeschreibung – für die Reparatur des Fahrrades formulierst, musst du dir erst einmal ganz genau anschauen, welche **Arbeitsschritte** auf den Bildern dargestellt sind.
Notiere stichwortartig die einzelnen Arbeitsschritte, wie sie auf den Bildern zu sehen sind. Orientiere dich an der Beispielformulierung:

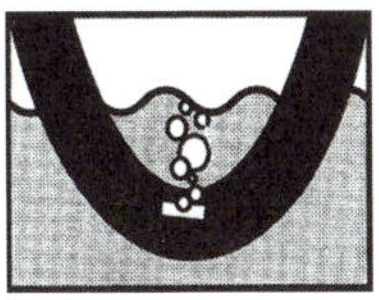

Undichte Stelle im Wasserbad herausfinden

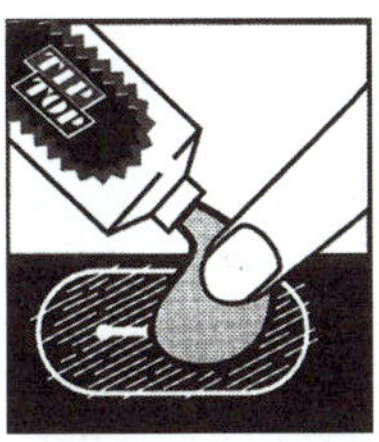

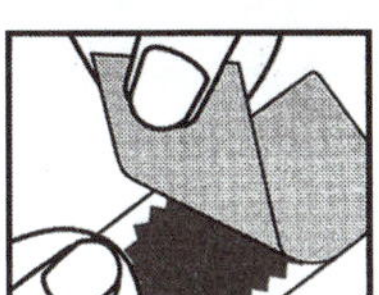

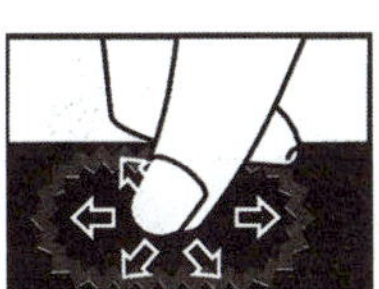

1.3 Die Einleitung

Die Einleitung einer Vorgangsbeschreibung dient zunächst nur als **knappe Hinführung** zu dem folgenden Beschreibungstext.

Die Einleitung einer Vorgangsbeschreibung kann

- eine Anrede enthalten,
- die Situation nennen, für welche die Beschreibung gedacht ist,
- ankündigen, was im Anschluss beschrieben wird,
- Materialien und Werkzeuge nennen, die im Folgenden benötigt werden.

Beispiel Folgende Einleitung wäre möglich:

Lieber Tierfreund, Sie möchten ein Vogelhäuschen bauen? Mit der folgenden Bauanleitung kein Problem! Sie benötigen dazu …

Aufgabe 97 Stelle aus den folgenden Formulierungen, die alle in einer Anleitung vorkommen könnten, einen kurzen Einführungstext zusammen.

Mögliche Beschreibungen der Situation
- Ist die Luft raus?
- Pech mit dem Reifen?
- Hier kommt Hilfe, wenn Sie einen platten Reifen haben.
- Brauchen Sie Hilfe bei einem „Plattfuß"?

Mögliche Anreden
- Lieber Radfahrer
- Sehr geehrter Leser dieser Anleitung

Mögliche Ankündigungen dessen, was im Anschluss beschrieben wird
- Mithilfe dieser Reparaturanleitung können Sie das Problem schnell beheben.
- Wir zeigen Ihnen, wie ein Reifen schnell und einfach geflickt werden kann.
- Hier lesen Sie, wie man mit wenigen Handgriffen einen Reifen repariert.

Mögliche Formulierungen zum Aufzählen von Werkzeug und Material
- Sie benötigen dazu …
- Halten Sie dafür … bereit
- Sie brauchen …

11.4 Der Hauptteil

Ziel des Hauptteils ist es, dem Leser zu erklären, **was** er **in welcher Reihenfolge** machen muss, um zu dem angekündigten Ergebnis zu gelangen.

Was musst du beim Hauptteil einer Vorgangsbeschreibung beachten?

- Entscheide dich für eine bestimmte **Anredeform** und halte diese während der gesamten Beschreibung bei.
- Gib die **zeitlichen Abläufe** und die **Reihenfolge** exakt und verständlich an.
- Benenne die Tätigkeiten durch **passende Verben** genau.
- Erkläre – wenn möglich – auch die **Zwischenschritte** sowie den **Zweck** und die **Folge** einzelner Arbeitsschritte.
- Verwende gegebenenfalls **Fachbegriffe.**
- Bemühe dich um einen sachlichen, präzisen und abwechslungsreichen **Schreibstil.**

11.4.1 Anredeformen

Zunächst musst du dich entscheiden, in welcher Anredeform du die Vorgangsbeschreibung verfassen willst. Die verschiedenen Möglichkeiten der Anredeform sind gleichwertig. Du kannst selbst entscheiden, welche du einsetzt:

Anredeformen	Beispiele
Sie-Form	Sie markieren die defekte Stelle … / Sie müssen die defekte Stelle markieren …
du-Form	Du markierst die defekte Stelle … / Du musst die defekte Stelle markieren …
man-Form	Man markiert die defekte Stelle … / Man muss die defekte Stelle markieren …
Imperativ (Befehlsform)	Markieren Sie die defekte Stelle … / Markiere die defekte Stelle … / Man markiere die defekte Stelle …
Formulierung der Abläufe im Passiv	Die defekte Stelle wird markiert …

Aufgabe 98 Übe die Anredeformen:

a) Formuliere den zweiten Arbeitsschritt der Fahrradreparatur *(Markierte Stelle mit Sandpapier anschleifen)* in den genannten Anredemöglichkeiten aus.

b) Formuliere die weiteren Arbeitsschritte ebenfalls aus. Benutze die *man*-Form. (Du brauchst die einzelnen Sätze noch nicht zu verbinden.)

11.4.2 Darstellung zeitlicher Abläufe

Wenn du die letzte Aufgabe gründlich gelöst hast, hast du die einzelnen Arbeitsschritte bereits formuliert. Deine Vorgangsbeschreibung ist fast fertig. Du musst die einzelnen Arbeitsschritte jetzt nur noch so verbinden, dass der zeitliche Ablauf eindeutig erkennbar ist.

Zeitliche Beziehungen kannst du in der deutschen Sprache auf verschiedene Art und Weise ausdrücken:

Wortart	Beispiele
Konjunktion	bevor, ehe, wenn, nachdem, sobald, als, während
Präposition	vor, während, bei, nach
Adverb	zuerst, zunächst, zugleich, gleichzeitig, währenddessen, jetzt, nun, endlich, schließlich, danach

Beispiel

Bleiben wir bei dem Beispiel mit der Fahrradreparatur. Der Hauptteil der Anleitung könnte so beginnen:

Zunächst findet man die defekte Stelle im Wasserbad heraus und markiert sie mit weißer Kreide. Nach dem Anschleifen der markierten Stelle mit Sandpapier wird dort Gummilösungsmittel dünn aufgetragen. Nachdem man das Gummilösungsmittel verstrichen hat, muss man fünf Minuten abwarten. …

Adverb – *Präposition* – *Konjunktion*

Aufgabe 99

Es gibt eine Vielzahl von Möglichkeiten, die zeitlichen Bezüge auszudrücken. Sortiere die folgenden Beispiele nach ihrem möglichen Platz innerhalb einer Vorgangsbeschreibung. Fülle die Tabelle entsprechend aus. (Manche Begriffe passen in mehrere Spalten.)

währenddessen – hiernach – vorher – sofort – zunächst – schließlich – endlich – zuletzt – am Anfang – danach – am Schluss – hat man dies erledigt – zu Beginn – nachdem – davor – sodann – gleichzeitig – zwischendurch – bevor – als Erstes

Zur Kennzeichnung des Anfangs	Zur Überleitung in der Mitte	Zur Kennzeichnung des Schlusses

11.4.3 Verwenden der passenden Verben

Bei der Vorgangsbeschreibung ist es wichtig, die verschiedenen Tätigkeiten durch die passenden Verben **genau** und **abwechslungsreich** zu benennen. Eine Anleitung, in der es immer nur heißt *man tut* oder *man macht,* ist unpräzise.

Aufgabe 100 Setze passende Verben in die Lücken ein. Verwende *tun* und *machen* nur, wenn dir sonst wirklich kein anderes Wort einfällt. Wenn du Appetit bekommen hast, kannst du das Pfannkuchen-Rezept ja ausprobieren!

Zunächst siebt man 250 g Weizenmehl in eine Rührschüssel. In die Mitte __________ man eine Vertiefung. Dann werden 4 Eier, etwas Zucker, Salz, 375 ml Milch und 125 ml Mineralwasser mit einem Schneebesen __________. Etwas von der Eierflüssigkeit __________ man danach in die Vertiefung und __________ sie mit dem Mehl. Nach und nach __________ man die übrige Eierflüssigkeit dazu. Der Teig muss anschließend 20 bis 30 Minuten __________. Als Nächstes __________ man etwas Öl in einer Pfanne und __________ eine dünne Teiglage mit einer drehenden Bewegung gleichmäßig auf dem Pfannenboden. Sobald die Ränder goldgelb sind, __________ man die Masse vorsichtig mit einem Pfannenwender und __________ die zweite Seite goldgelb. Mit dem restlichen Teig __________ man ebenso.

11.4.4 Angabe von Zwischenschritten, Zweck und Folge

Manchmal ist es hilfreich, zusätzlich zu der Beschreibung der einzelnen Vorgänge auch deren **Ergebnisse** (Zwischenschritte, Zweck und Folge der einzelnen Tätigkeiten) anzugeben. Der Benutzer der Beschreibung kann dann verstehen, warum er den Arbeitsschritt ausführen muss, und erkennen, ob er richtig vorgegangen ist.

Beispiel Im Pfannkuchen-Rezept (Aufgabe 100) könnte der zweite Satz etwa lauten:
In die Mitte drückt man eine Vertiefung, sodass eine Mulde entsteht, in die man Flüssigkeit hineingießen kann.

Aufgabe 101 Das folgende Rührei-Rezept ist etwas durcheinander geraten. Verbinde die Anleitungssätze mit passenden Ergebnisangaben, indem du die entsprechenden Buchstaben hinter die Satzanfänge schreibst.

1. Zunächst verschlägt man 6 Eier, etwas Milch, Salz, Pfeffer und Muskatnuss, ...
2. Dann zerlässt man etwas Butter in einer Pfanne, ...
3. Hier gibt man die Eiermilch hinein, ...
4. Sobald die Masse zu stocken beginnt, löst man sie mit einem Pfannenwender vom Pfannenboden, ...
5. Die Masse wird so lange gerührt, ...
6. Das Rührei wird mit Schnittlauch bestreut, ...

a) ... damit sie sich mit der heißen, flüssigen Butter vermischt.
b) ... sodass eine einheitliche flüssige Masse entsteht.
c) ... bis keine Flüssigkeit mehr vorhanden ist.
d) ... damit sie nicht anbrennt.
e) ... womit es schließlich servierfertig ist.
f) ... bis der Pfannenboden dünn von dem verflüssigten Fett überdeckt ist.

Achtung: Wenn du dir das gesamte Rührei-Rezept nochmals anschaust, wirst du erkennen, wie groß die Gefahr ist, Wörter und Satzbaumuster zu wiederholen. Gib daher nicht nach jedem Arbeitsschritt das Ergebnis an, sondern nur an besonders schwierigen und wichtigen Stellen.

11.4.5 Einsatz von Fachbegriffen

Wie du in den allgemeinen Kapiteln zur Beschreibung bereits erfahren hast (Seite 96), solltest du auf Fachbegriffe zurückgreifen, um deine Beschreibung **eindeutig** zu machen.

Aufgabe 102 Bleiben wir doch in der Küche. Kennst du die passenden Fachbegriffe? Trage sie in das kleine Kreuzworträtsel ein.

1. So heißt die Küche auf einem Schiff.
2. Fachbegriff für *das Essen auftragen.*
3. So nennt man den Koch auf einem Schiff.
4. Eine aus dem Französischen stammende Bezeichnung für *Nachtisch.*
5. Angeblich das beste Stück Fleisch (aus der Lende).
6. Ein aus dem Französischen stammender Fachbegriff für *Eierkuchen.*

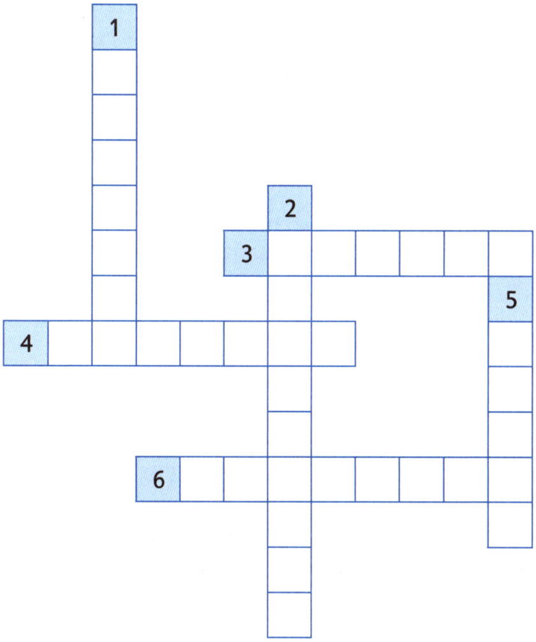

11.4.6 Hinweise zum Stil

Du hast in den vergangenen Kapiteln immer wieder gelernt, dass es bei der Beschreibung weniger um den Text als solchen geht als darum, dem Zuhörer oder Leser eine genaue Vorstellung des zu beschreibenden Gegenstands oder Vorgangs zu vermitteln. Dennoch musst du einige stilistische (den Stil des Textes betreffende) Regeln beachten.
Warum die Beschreibung **nicht zu stark ausgeschmückt** werden darf und welchen Zweck das **Verwenden passender Adjektive** hat, kannst du auf den Seiten 98 ff. nachlesen – auch da geht es natürlich wieder um die **Präzision.**
Wichtig ist die **Abwechslung in der Wortwahl und im Satzbau.** Wortwiederholungen lassen sich leicht vermeiden, indem du Fachbegriffe und passende Verben benutzt. Um den Satzbau zu variieren, gibt es die Möglichkeit, den ein oder anderen Satz ins Passiv zu setzen.

Achtung: Beim **Passiv** wird ein Vorgang ausgehend vom Betroffenen (also von dem, an dem gehandelt wird) beschrieben. Das Passiv wird im Deutschen mit den Hilfsverben *sein* oder *werden* und dem Partizip Perfekt des Vollverbs gebildet. Man unterscheidet dabei zwischen dem Zustandspassiv und dem Vorgangspassiv. Aus dem Akkusativobjekt des Aktivsatzes wird das Subjekt des Passivsatzes:

Beispiel

Aktiv: Man (Subjekt: wer?) **kennzeichnet** das Loch im Schlauch. (Akkusativobjekt: wen?/was?)

Zustandspassiv: Das Loch im Schlauch (Subjekt: wer?) **ist gekennzeichnet.**

Vorgangspassiv: Das Loch im Schlauch (Subjekt: wer?) **wird gekennzeichnet.**

Aufgabe 103 Formuliere folgende Sätze aus der Bauanleitung im Vorgangspassiv:

a) Kleben Sie die Schublade aus den Seitenteilen und dem Boden zusammen.
b) Schrauben Sie den Griff vorne an die Schublade.
c) Montieren Sie die Führungsschiene für die Schublade an der gekennzeichneten Stelle.

11.5 Verschiedene Formen der Vorgangsbeschreibung

Vorgangsbeschreibungen begegnen uns in den verschiedensten Formen. Einige Besonderheiten solltest du jeweils beachten:

Bei **Back- und Kochrezepten** werden vor der eigentlichen Beschreibung meistens die benötigten Zutaten angegeben. Am Schluss steht häufig noch ein Vorschlag, wie das Gericht serviert werden könnte.

Aufgabe 104 a) Gib die Zutaten an, die man für das Pfannkuchen-Rezept in Aufgabe 100 benötigt.
b) Formuliere einen Serviervorschlag, mit dem das Rezept enden könnte.

Bastelanleitungen beginnen oft mit einer Aufzählung des benötigten Materials und der erforderlichen Werkzeuge. Der Bastler kann sich die Sachen dann zurechtlegen und muss die Arbeit nicht für lästiges Suchen unterbrechen.

Aufgabe 105 Nenne einige typische Bastelmaterialien und -werkzeuge.

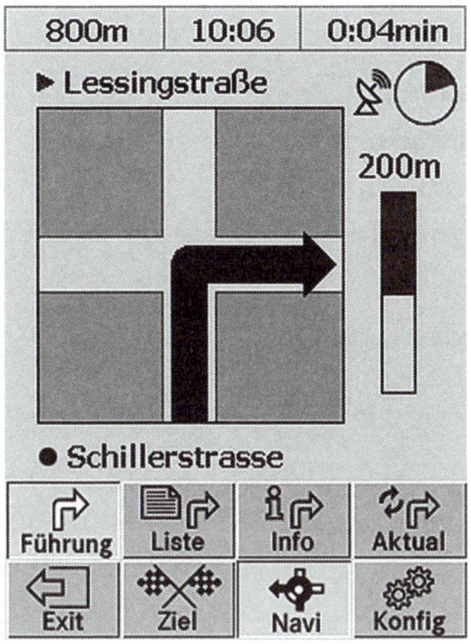

Auch bei **Wegbeschreibungen** ist die Präzision entscheidend: Vermeide überflüssige Informationen (z. B. Bewertungen), die die Genauigkeit stören. Außerdem musst du die zeitliche Abfolge der genannten Wegstationen unbedingt einhalten. Verwende eindeutige Richtungsangaben und Präpositionen und beziehe auffällige Wegpunkte in die Beschreibung ein. Du solltest darüber hinaus die Perspektive und den Wissensstand des Lesers oder Zuhörers berücksichtigen.

Aufgabe 106 Der Busfahrer von Seite 87 kennt den Weg zum Tier- und Freizeitpark doch nicht so genau. Um keine Zeit zu verlieren, bittet er einen Mann auf der Straße, ihm den Weg zu erklären. Dieser gibt freundlich Antwort.

a) Überprüfe die Wegbeschreibung anhand der oben genannten Kriterien. Markiere in verschiedenen Farben, welche Stellen angemessen und welche Stellen falsch sind.

b) Schreibe rechts an den Rand, was jeweils gut gemacht wurde beziehungsweise gegen welche Regel verstoßen wurde. Verwende auch hier verschiedene Farben.

In den Tier- und Freizeitpark? Na, da haben Sie ja noch eine schöne Strecke vor sich. Hier sind Sie nämlich völlig falsch. Nun ja! Am besten wenden Sie am Ende dieser Straße und fahren bis zum Bahnübergang zurück. Das sind von hier aus etwa 500 Meter. Überqueren Sie den Bahnübergang und biegen Sie direkt dahinter wieder rechts ab. Sie sehen dann links ein paar Gärten mit Obstbäumen. Der mittlere gehört mir. Schauen Sie sich mal an, wie viele Blüten der Apfelbaum hat. Ich glaub', in diesem Jahr gibt es eine gute Apfelernte.
Wenn Sie dann abgebogen sind, fahren Sie ein gutes Stück – etwa zwei Kilometer – weiter aus dem Ort heraus, bis Sie an eine Unterführung auf der rechten Seite kommen. Vorher müssen Sie aber darauf achten, in den Kreisel am Ortsausgang zu fahren. An der ersten Ausfahrt müssen Sie sofort wieder heraus. Dieser Kreisel ist auch wieder so ein Schildbürgerstreich des Gemeinderates, da gab es viel Ärger …
Na ja, dann unter der Unterführung durch und die schmale Straße den Berg hoch. Direkt hinter der alten Scheune vom Bürgermeister müssen Sie nochmals links abbiegen, dann sind Sie schon fast da. Es kann aber auch sein, dass die Straße gar nicht für Busse zugelassen ist … Äh, wo wollten Sie nochmal hin?

Faltanleitungen für Papierfiguren zu verfassen, ist schwierig. Meistens bilden Bücher, in denen derartige Vorgangsbeschreibungen vorkommen, die einzelnen Arbeitsschritte zusätzlich als Skizze oder Foto ab. Wer die Figur aus Papier nachbauen will, kann sich so bei jedem Zwischenschritt darüber vergewissern, ob das Faltergebnis mit dem Bild übereinstimmt.
Um eine verständliche Faltanleitung zu formulieren, ist es hilfreich, die Figur selbst nachzufalten. Notiere dir während des Faltens stichwortartig die einzelnen Vorgänge und Ergebnisse. Achte auf präzise Richtungsangaben für die Faltbewegungen.

Aufgabe 107 Versuche unter Anwendung der oben genannten Tricks die Faltanleitung für einen Papierbecher zu formulieren.

Ein umweltfreundlicher Becher

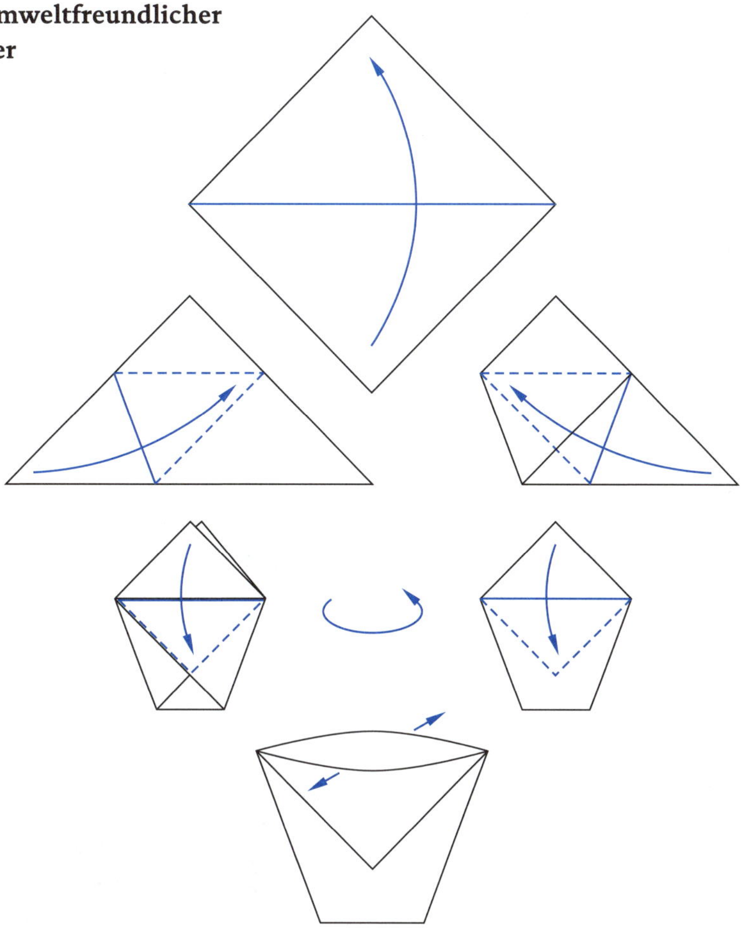

Auch die **Beschreibung eines Zaubertricks und seiner Vorbereitung** ist eine Form der Vorgangsbeschreibung. Du gehst am besten so vor:
Notiere zunächst die benötigten Gegenstände und Materialien. Schreibe dann unter den Überschriften *Vorbereitung des Tricks* und *Durchführung des Tricks* jeweils stichwortartig die einzelnen Arbeitsschritte auf. Formuliere nun die Anleitung so aus, dass die einzelnen Abschnitte erkennbar bleiben. Baue bei der Beschreibung des Tricks einige Zaubereffekte (Zauberstab, -spruch, …) ein.

Beispiel Das „Gerüst“ für die Beschreibung eines Zaubertricks könnte so aussehen:

Die verzauberte Banane	***Überschrift***
Um den Zaubertrick durchzuführen, benötigst du …	*Aufzählung des benötigten* ***Materials***
Vorbereitet wird der Trick folgendermaßen: …	*Einleitung der* ***Vorbereitung***
Wenn du dein Publikum nun mit diesem Trick verblüffen willst, musst du zunächst …	*Einleitung der* ***Durchführung***

Aufgabe 108 Formuliere die Anleitung zu diesem Zaubertrick. Du kannst die oben vorgeschlagenen Satzanfänge benutzen.

Die verzauberte Banane

12 Personen beschreiben

Dass alle Menschen unterschiedlich sind, ist sicherlich keine neue Erkenntnis. In der Regel fällt es uns auch nicht schwer, Menschen, die wir ein paar Mal gesehen haben, wiederzuerkennen. Wenn du aber aufgefordert wirst, jemanden zu beschreiben, merkst du schnell, wie schwierig es ist, ein genaues Bild zu vermitteln. Personenbeschreibungen sind einerseits bei der Interpretation von Romanen und Erzählungen hilfreich, andererseits begegnest du ihnen in Kontaktanzeigen, Heiratsannoncen, Bewerbungsschreiben oder …

12.1 Was ist das Besondere?

Die wichtigste Besonderheit bei der Beschreibung einer Person liegt sicherlich darin, dass Menschen einen ausgeprägten **Charakter** haben und dass sie Stimmungen und Gefühlen unterworfen sind. Anders als bei der Beschreibung eines Gegenstandes genügt es daher bei der Personenbeschreibung nicht, allein auf äußere Merkmale einzugehen. Präzise und angemessen musst du vielmehr auch beschreiben, was den Menschen als solchen ausmacht, wie er sich in bestimmten Situationen fühlt oder verhält. Wie du die Anteile der Beschreibung gewichtest und wie ausführlich du jeweils auf das Aussehen und die Charakterzüge eingehst, hängt davon ab, für wen beziehungsweise für welchen Zweck du die Beschreibung formulierst.

Personenbeschreibung: Grundlagen

- Die allgemeinen Regeln der Beschreibung gelten auch für die Personenbeschreibung.
- Die Personenbeschreibung beschreibt das **Aussehen** und die **Charaktereigenschaften** einer Person.
- Sie ist kurz und präzise.
- Sie enthält möglichst keine eigene Meinung und Beurteilung.
- Sie verwendet eine sachliche Sprache.

Beispiel Janas Mutter arbeitet in der Computerbranche und hat für ihre Töchter jeweils eine Internet-Homepage eingerichtet. Jana hat auf der Startseite einige Informationen über ihre Person notiert – sie bietet damit eine **Personenbeschreibung** von sich selbst.

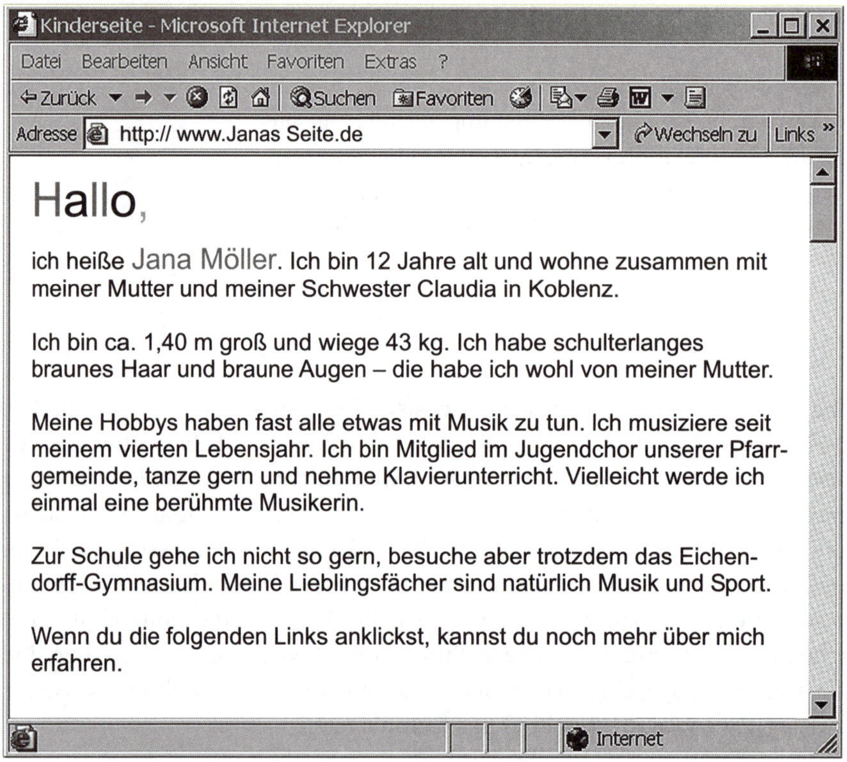

Hallo,

ich heiße Jana Möller. Ich bin 12 Jahre alt und wohne zusammen mit meiner Mutter und meiner Schwester Claudia in Koblenz.

Ich bin ca. 1,40 m groß und wiege 43 kg. Ich habe schulterlanges braunes Haar und braune Augen – die habe ich wohl von meiner Mutter.

Meine Hobbys haben fast alle etwas mit Musik zu tun. Ich musiziere seit meinem vierten Lebensjahr. Ich bin Mitglied im Jugendchor unserer Pfarrgemeinde, tanze gern und nehme Klavierunterricht. Vielleicht werde ich einmal eine berühmte Musikerin.

Zur Schule gehe ich nicht so gern, besuche aber trotzdem das Eichendorff-Gymnasium. Meine Lieblingsfächer sind natürlich Musik und Sport.

Wenn du die folgenden Links anklickst, kannst du noch mehr über mich erfahren.

Aufgabe 109 Untersuche Janas Personenbeschreibung genauer:

a) Außer ihrem Namen und ihrem Alter gibt Jana noch einige weitere Informationen. Schreibe auf, zu welchen Oberbegriffen in Bezug auf die **äußere Erscheinung** weitere Merkmale genannt werden.

b) Jana hat auch einige ihrer **Charaktereigenschaften** auf der Internet-Seite genannt. Notiere auch hier Oberbegriffe, die sich auf andere Personenbeschreibungen übertragen lassen.

12.2 Die äußeren Merkmale beschreiben

Du hast an der Homepage bereits gesehen, welche äußeren Eigenschaften einer Person beschrieben werden können. Die meisten Oberbegriffe, die Jana berücksichtigt, sind auf alle Personenbeschreibungen übertragbar. Die gängigen Beschreibungskriterien – Alter, Größe, Augenfarbe usw. – ermöglichen eine schnelle Identifizierung (unverwechselbares Erkennen) der Person. Häufig wird in Pässen und anderen Dokumenten auf diese Daten hingewiesen.
Übungen zum Finden und Anordnen der Oberbegriffe findest du in den allgemeinen Kapiteln zur Beschreibung (Seite 89 ff.). Die Verwendung von Adjektiven kannst du hier nochmals üben.

Wie beschreibst du die äußeren Merkmale einer Person?

- Suche geeignete Oberbegriffe (z. B. Geschlecht, Alter, Wohnort, Beruf, Aussehen, Größe, Gewicht, Haar-/Augenfarbe, Kleidung, ...).
- Finde zu jedem Oberbegriff ein oder mehrere Merkmale.
- Bringe die Oberbegriffe und Merkmale in eine sinnvolle Reihenfolge.
- Präzisiere die Beschreibung durch treffende Adjektive.

Aufgabe 110 Ordne den Körperteilen die passenden Adjektive aus dem Wortspeicher zu. Begriffe, die zu mehreren Körperteilen passen, sind nur einmal aufgenommen.

abstehend – angelegt – blond – braun – breit – dick – dünn – durchtrainiert – fett – gebogen – gerade – groß – hellblau – klein – krumm – kurz – lang – offen – rund – schmal – schulterlang – schwarz – spitz – wulstig – zierlich

Haare: ______________________________

Augen: ______________________________

Nase: ______________________________

Mund: ______________________________

Ohren: ______________________________

Hals: ______________________________

Schultern: ______________________________

Arme: ______________________________

Bauch: ______________________________

Beine: ______________________________

Füße: ______________________________

Aufgabe 111 Auch Steckbriefe, wie du sie vielleicht aus Wildwest-Filmen oder Krimis kennst, beschreiben die äußeren Merkmale einer Person. Schließlich sollen die Bürger den Verbrecher ja erkennen, wenn er ihnen über den Weg läuft.
Wähle einen Menschen aus deinem Umfeld und formuliere einen Steckbrief.

Vielleicht ist dein Lehrer/deine Lehrerin damit einverstanden, dass du für ihn/für sie einen lustigen Steckbrief verfasst.
Du könntest so beginnen:

BELOHNUNG!
Die Polizei bittet um Ihre Mithilfe. Wegen gefährlichen Langweilens und Zeitdiebstahls in mehreren schweren Fällen suchen wir folgende Person ...

Aufgabe 112 Sammle anhand der oben gefundenen Oberbegriffe zu den äußeren Merkmalen stichwortartig wichtige Informationen für deine eigene Personenbeschreibung auf einer Homepage. Du kannst zum Sammeln eine Mindmap benutzen.

12.3 Charaktereigenschaften erkennen und beschreiben

Die Beschreibung eines Menschen kann sich nicht in Äußerlichkeiten erschöpfen. Häufig sind es gerade nicht diese Eigenschaften, die einen Menschen für andere interessant machen. Um die Charakterzüge eines anderen Menschen angemessen beschreiben zu können, musst du diesen gut kennen. Du erfährst seine Eigenarten dann entweder direkt in **Gesprächen** oder du erkennst sie daran, wie sich der Mensch in bestimmten Situationen **verhält.** Dabei kann sich sein Verhalten in überraschenden Momenten durchaus von seinem Handeln in vorhersehbaren Situationen unterscheiden.
Bei der Überlegung, welche Charaktereigenschaften einer Person beschrieben werden müssen, kommt es darauf an, in welchem Zusammenhang die Beschreibung steht. Dient sie einer Bewerbung um einen Arbeitsplatz, müssen natürlich andere Merkmale genannt werden als bei einem polizeilichen Steckbrief.

Wie beschreibst du den Charakter einer Person?

- Überprüfe, wie sich die Person in geplanten und überraschenden Situationen verhält.
- Unterscheide zwischen kurzfristigen Stimmungen (z. B. *Sie lacht laut*) und grundsätzlichen Charaktereigenschaften (z. B. *Sie ist ein sehr lustiger und fröhlicher Mensch*).
- Beschreibe vor allem auffällige Charaktereigenschaften, welche die Person von anderen Menschen unterscheiden.
- Du kannst die Charaktereigenschaften in Form von Adjektiven formulieren.

Aufgabe 113 Ordne die drei kurzen Charakterbeschreibungen den richtigen Personen zu:

Herr Max, ein Rentner, der auf der Suche nach einer Lebensgefährtin ist

Herr Doktor von Max, dem man wegen seines Firmenwechsels ein Arbeitszeugnis ausgestellt hat

Ganoven-Maxe, der wegen einiger kleinerer Gaunereien gesucht wird

A. ist sehr vielseitig einsetzbar, da er bereits große Erfahrungen im Bereich xy hat. Außerdem arbeitet er sich schnell und zuverlässig in neue Aufgabenbereiche ein. A. führt seine Arbeiten sicher und ruhig aus, sodass seine Ruhe sich oft auch auf andere Menschen überträgt. Darüber hinaus hat er sehr gute Führungsqualitäten. Immer wieder gelingt es ihm, sein Umfeld von seinen Ideen zu überzeugen, ohne dass er unsympathisch oder rechthaberisch auftritt.

B. darf in seiner Intelligenz nicht unterschätzt werden, er hat seine Cleverness schon mehrfach bewiesen. Er ist geschickt und weiß genau, was er will. Hat er sich erst einmal etwas vorgenommen, so setzt er alles daran, es auch durchzusetzen. B. ist nicht sehr gewalttätig, kann aber durchaus handgreiflich werden, wenn man sich ihm in den Weg stellt.

C. ist ein interessanter, vielseitiger und kurzweiliger Mensch. Er schläft gern lange, frühstückt ausgiebig und liebt es, in der freien Natur spazieren zu gehen. Sport gehört nicht zu seinen Lieblingstätigkeiten. C. verreist gerne und ist an Kultur interessiert. Er kann gut zuhören und ist insgesamt ein charmanter und schlagfertiger Gesprächspartner. Er liebt Tiere.

Aufgabe 114 Du siehst: Welche Charaktereigenschaften in einer Personenbeschreibung berücksichtigt werden, kommt ganz darauf an, welchem Zweck die Beschreibung dient.
Schreibe heraus, welche Oberbegriffe in der Kontaktanzeige, im Steckbrief bei der Verbrechersuche und im Arbeitszeugnis jeweils berücksichtigt wurden.

Aufgabe 115 a) Sammle deine eigenen Charaktereigenschaften für eine Homepage, die vor allem von deinen Lehrern und Mitschülern gelesen werden soll.

b) Formuliere eine Personenbeschreibung von dir selbst, die deine äußeren Merkmale und deine Charaktereigenschaften enthält.

12.4 Figuren in literarischen Texten beschreiben

Zu einer gründlichen Interpretation eines literarischen Textes, zum Beispiel eines Jugendbuchs, gehört auch die Beschreibung der darin vorkommenden Figuren. Manche Texte machen es dem Leser einfach, indem sie die Figur und ihre Charaktereigenschaften ausdrücklich beschreiben. Man spricht dann von **expliziten Hinweisen** (vgl. Seite 26). Manchmal musst du aber auch „zwischen den Zeilen lesen" und anhand von **impliziten Hinweisen** überlegen, welche Eigenschaften die Figur hat.

Wie charakterisierst du Figuren in literarischen Texten?

- Suche und unterstreiche zunächst Textstellen, die Auskunft über äußere Merkmale der Figur geben.
- Suche und unterstreiche dann mit einer anderen Farbe Textstellen, an denen sich der Charakter der betreffenden Figur ablesen lässt.
- Notiere neben dem Text kurz, welche Eigenschaft sich an der Stelle ablesen lässt (z. B. *er ist ängstlich*).
- Sortiere die gefundenen Eigenschaften nach den Kategorien „Hinweise auf Äußeres" und „Hinweise auf Charaktereigenschaften".
- Ordne die Hinweise nach ihrer Wichtigkeit.
- Formuliere auf der Grundlage der gesammelten und geordneten Eigenschaften eine Figurencharakterisierung.

Aufgabe 116 a) Markiere im folgenden Textauszug alle Hinweise auf das Äußere und auf den Charakter des Jungen Ramo. Gehe vor wie im Beispiel.

b) Formuliere eine Charakterisierung des Jungen Ramo auf der Grundlage deiner Markierungen. Achte darauf, dass du nicht immer dieselben Verben und denselben Satzbau verwendest.

Ich erinnere mich lebhaft an den Tag, an dem das Alëuterschiff kam. Erst sah es aus wie eine kleine Muschel, die auf dem Meer dahintreibt. Dann begann sie zu wachsen und wurde zu einer Möwe mit gefalteten Flügeln. Zuletzt, als die Sonne aufging, erkannte ich, was es wirklich war – ein Schiff mit roten Segeln! Mein Bruder und ich waren auf einen Hügel gestiegen; unter uns lag eine Schlucht, die sich bis zu einem kleinen Hafen hinunterschlängelt. Dort liegt die Korallenbucht. Mein Bruder und ich wollten auf der Anhöhe nach Wurzeln graben. Im Frühjahr findet man dort immer welche. Mein Bruder war noch klein, halb so alt wie ich, und ich zählte damals zwölf Jahre. Gemessen an den vielen Sonnen und Monden, die er gesehen hatte, war Ramo klein, doch flink wie eine Grille, aber auch ebenso töricht, wenn er in Aufregung geriet. Darum sagte ich ihm nichts von der Muschel und der Möwe mit den gefalteten Flügeln, die ich entdeckt hatte, denn er sollte mir beim Wurzelsammeln helfen und nicht davonlaufen. Ich stocherte weiter mit meinem spitzen Stock, als wäre auf dem Meer nicht das Geringste zu sehen.

er ist klein und 6 Jahre alt

Selbst als ich sicher wusste, dass die Möwe ein großes fremdes Schiff war, grub ich weiter im Gestrüpp.

Doch Ramos Augen entgingen wenige Dinge auf dieser Welt. Sie waren schwarz und groß wie die Augen einer Eidechse und sie konnten genauso schläfrig blicken; aber gerade dann nahmen sie alles am besten wahr. Die Augen halb geschlossen, schaute er jetzt blinzelnd aufs Meer hinaus wie eine Eidechse, bevor sie die Zunge herausschnellt um nach einer Fliege zu schnappen.

„Das Meer ist glatt“, sagte Ramo, „wie ein flacher Stein, der keinen einzigen Kratzer hat.“

Mein Bruder redete gerne so, als wäre etwas nicht das, was es war, sondern etwas anderes.

„Das Meer ist kein Stein, der keinen Kratzer hat", sagte ich. „Es ist Wasser, das keine Wellen schlägt."
„Für mich ist es ein blauer Stein", sagte er. „Und ganz außen am Rand des Steins sitzt eine kleine Wolke."
„Wolken sitzen nicht auf Steinen. Nicht auf blauen und nicht auf schwarzen und nicht auf irgendwelchen Steinen."
„Dort sitzt aber eine."
„Nicht auf dem Meer", antwortete ich. „Dort gibt es Delphine, Möwen, Kormorane und Seeotter, auch Walfische, aber keine Wolken."
„Vielleicht ist es ein Walfisch."
Ramo trat von einem Fuß auf den anderen, während er zuschaute, wie das Schiff näher kam. Er wusste nicht, dass es ein Schiff war, denn er hatte noch nie eines gesehen. Auch ich hatte noch nie eines gesehen, aber ich wusste, wie Schiffe aussahen, weil mein Vater sie mir beschrieben hatte. (…)

Aus: Scott O'Dell, Insel der blauen Delphine. © 1960 by Scott O'Dell. Deutsche Übersetzung von Roswitha Plancherel-Walter (© Patmos Verlag GmbH & Co. KG / Walter Verlag, Düsseldorf/Zürich), S. 5–7

13 Tiere beschreiben

Total süüüß! Oh, wie niedlich! – So werden Tiere sicherlich manchmal beschrieben. Dass diese persönlichen Aussagen wenig mit einer **sachlichen** und **eindeutigen** Tierbeschreibung zu tun haben, dürfte klar sein. Einige Tipps, wie du eine angemessenere Tierbeschreibung formulierst, bietet dieses Kapitel.

13.1 Was ist das Besondere?

Bei der Tierbeschreibung geht es darum, dem Zuhörer beziehungsweise Leser eine möglichst exakte Vorstellung von dem Tier zu vermitteln, sodass er es im Idealfall sogar wiedererkennen würde. Die Gefahr, nicht das Tier an sich, sondern seine Wirkung auf dich zu beschreiben, ist dabei nicht zu unterschätzen. Möglicherweise hast du zu dem Tier eine persönliche Beziehung aufgebaut, die einer sachlich-nüchternen Darstellung hinderlich sein könnte. Eine systematische Gliederung der Beschreibung nach bestimmten Oberbegriffen und die Verwendung entsprechender Fachbegriffe können dem entgegenwirken.

Tierbeschreibung: Grundlagen

- Die allgemeinen Regeln der Beschreibung gelten auch für die Tierbeschreibung.
- Bei der Tierbeschreibung helfen bestimmte **Oberbegriffe,** die sich auf fast alle Tiere anwenden lassen (z. B. Wie viele Beine/Flügel/Flossen hat das Tier? Hat es Federn oder ein Fell? Welche Farben hat es? Welche Form haben seine Ohren?).
- Benutze **Fachbegriffe** zur Präzisierung der Tierbeschreibung.
- In bestimmten Fällen können der **Lebensraum** und die **Lebensbedingungen** des Tieres angesprochen werden.

Beispiel

Kennst du die Geschichte von den **Bremer Stadtmusikanten?** Sie handelt von vier Tieren – einem Esel, einem Hund, einer Katze und einem Hahn –, die sich zusammengetan haben. Sie verlassen ihre strengen Herren, um nach Bremen zu ziehen und dort als Stadtmusikanten ein schöneres Leben zu führen. Während ihrer Reise stoßen die Vier auf eine Räuberbande, die sich in einer Waldhütte versteckt hält. Die Tiere erkennen, dass sie nur eine Chance haben, wenn sie zusammenhalten. Sie stellen sich aufeinander und überfallen die Räuber mit einem Höllenlärm. Ihr Unternehmen ist so erfolgreich, dass die Schurken für immer in die Flucht geschlagen werden. Noch heute erinnert das Denkmal der Stadtmusikanten in Bremen daran, wie stark diese Tiere waren, weil sie zusammenhielten.

Die Räuber glaubten, es handele sich bei den aufeinander stehenden Tieren um ein riesiges Ungeheuer. Hätten sie genauer hingeschaut und die Kriterien der Tierbeschreibung berücksichtigt, wären sie nicht darauf hereingefallen.

13.2 Oberbegriffe finden und Fachbegriffe verwenden

Um deine Tierbeschreibung übersichtlich zu gliedern, hast du die Möglichkeit, dich an allgemeinen **Oberbegriffen** zu orientieren und diese in Bezug auf das konkrete Tier zu beschreiben. Dabei machst du dir die Tatsache zu Nutze, dass fast alle Tiere bestimmte grundsätzliche Gemeinsamkeiten haben, die sich nur in ihrer jeweiligen Ausprägung unterscheiden. Neben Merkmalen wie *Größe* und *Gewicht*, die bei vielen Beschreibungsarten als Oberbegriffe verwendet werden können, gibt es zahlreiche, typisch „tierische" Oberbegriffe wie etwa die Frage nach der *Anzahl von Flossen oder Beinen*, der *Farbe des Felles* oder dem *Vorhandensein von Flügeln.* Orientierst du dich bei der Ausformulierung der Tierbeschreibung an diesen Oberbegriffen, hast du einerseits eine sinnvolle Gliederung deines Textes vorgenommen und kannst andererseits kaum etwas Wichtiges vergessen.

Zur weiteren Präzisierung deiner Tierbeschreibung kannst du auf bestimmte **Fachbegriffe** aus der Tierwelt zurückgreifen. Im Laufe der Geschichte hat sich im Munde von Jägern, Landwirten und Tierärzten eine Fülle eigener Fachbegriffe zur Bezeichnung der Tiere und ihrer Körperteile herausgebildet, die du für deine Beschreibung nutzen kannst. Auch wenn der eine oder andere Begriff gar nicht jedem bekannt ist, darfst du ihn natürlich an der richtigen Stelle benutzen. Du findest solche Begriffe zum Beispiel in einem Tierlexikon.

Aufgabe 117 Schau dir die Bremer Stadtmusikanten genauer an: Suche nach Oberbegriffen, zu denen sich bei allen vier Tieren etwas sagen lässt. Trage die Oberbegriffe in der linken Spalte der Tabelle ein, die jeweiligen Eigenschaften der einzelnen Tiere in den übrigen Spalten. Fülle die Tabelle mithilfe der Vorgaben und deiner Oberbegriffe fertig aus. Kannst du die Tabelle um weitere Zeilen ergänzen?

	Esel	**Hund**	**Katze**	**Hahn**
Körperhöhe	ca. 1,50 m	ca. 45 cm		
Länge			ca. 30 cm	
		ca. 20 kg		
	vier	vier	vier	zwei

Aufgabe 118 Ordne die „tierischen" Fachbegriffe aus dem Wortspeicher den richtigen Oberbegriffen zu.

Bast – Besen – Blume – Borsten – Fächer – Fell – Fittich – Flosse – Haxe – Huf – Kiemen – Klaue – Lauf – Lauscher – Löffel – Mähne – Maul – Nüstern – Pelz – Pfote – Pranke – Quaste – Riecher – Rüssel – Rute – Schnabel – Schnauze – Schweif – Schwinge – Strampel – Tatze – Wedel – Wolle

Behaarung: ______________________________

Mund: ______________________________

Nase: ______________________________

Ohr: ______________________________

Hand: ______________________________

Flügel: ______________________________

Fuß/Bein: ______________________________

Schwanz: ______________________________

13.3 Auf den Lebensraum und die Lebensbedingungen eingehen

In manchen Zusammenhängen – etwa für Forscher – ist es wichtig zu wissen, in welchem **Lebensraum** bestimmte Tiere anzutreffen sind. Viele ihrer Eigenschaften lassen sich nämlich erst im Zusammenhang mit den Bedingungen in den ursprünglichen Lebensräumen erklären. Je nach den Witterungsverhältnissen, dem Nahrungsangebot und der Art der natürlichen Feinde sind bestimmte Eigenschaften der Tiere unterschiedlich stark ausgeprägt, sodass eine Tierbeschreibung manchmal erst dann vollständig ist, wenn du die Hintergründe des Beschriebenen beleuchtest. Falls du die **Lebensbedingungen** eines Tieres kennst, darfst du in deiner Tierbeschreibung ruhig darauf eingehen.

Aufgabe 119 Ein Lexikon schreibt über den Esel und seine Vorfahren:

Heimat der Wildesel:	karge, bergige Steinwüsten Nordafrikas
Nahrungsmittel:	Disteln, hartes Gras
Besonderheit:	Esel können mehrere Tage ohne Wasser auskommen
Zähmung:	seit 4 000 vor Christus: Esel als Reit- und Lasttiere
Hausesel heute:	in Europa, Asien, Nordafrika und Südamerika

Formuliere aus den Lexikoninformationen einen zusammenhängenden Text. Du kannst dabei einige der hier vorgeschlagenen Formulierungen verwenden:

lebt in – ist beheimatet – hat seine Heimat – bewohnt – ist zu finden – am liebsten frisst er – sein Hauptnahrungsmittel ist – seine Mahlzeiten bestehen aus – er verzehrt meist – interessant ist – eine Auffälligkeit ist – eine Besonderheit besteht darin – man geht davon aus – man weiß heute – es gilt als erwiesen

Aufgabe 120 Eine vollständige Beschreibung erhältst du, wenn du nun noch die äußeren Merkmale des Esels ergänzt. Du musst dazu nur die entsprechenden Stichworte aus der Tabelle von Seite 127 in einen zusammenhängenden Text bringen und die allgemeinen Regeln der Beschreibung beachten. Formuliere die Beschreibung der äußeren Merkmale des Esels und füge sie deinem Text über den Esel von Aufgabe 119 an.

13.4 Tiere in Fabeln beschreiben

Eine Besonderheit ist das Beschreiben der Figuren und ihrer Charaktereigenschaften in einer **Fabel** (lehrhafte Erzählung, in der Tiere als Handlungsträger auftreten). Auf den ersten Blick könntest du denken, es müsse auf die Merkmale der Tierbeschreibung zurückgegriffen werden – das ist aber falsch. In der Fabel geht es eigentlich um **typisch menschliche Charaktereigenschaften und Schwächen.** Sie werden nur auf Tiere übertragen, damit die Geschichten lustiger werden. Außerdem vermeidet der Verfasser auf diese Weise Ärger mit den Leuten, um die es eigentlich geht.

Beispiel

Vom Löwen und dem Hasen

Auf dem Berge Mandara hauste ein Löwe namens Durganta. Da dieser unaufhörlich viele Tiere fraß, vereinigten sich diese und traten vor den Löwen, um ihm einen Vorschlag zu machen. Damit der Löwe nicht wahllos alle Tiere ausrotte, wollten sie ihm selbst täglich eines zur Nahrung bringen. Der Löwe willigte ein und sie brachten ihm täglich ein Tier. Dabei fiel die Wahl auch auf einen alten Hasen.

Der Löwe ist …

gierig, gefräßig

Dieser näherte sich nur langsam dem schon wieder hungrigen Löwen. Der Löwe sah dieser langsamen Annäherung nicht lange zu und brüllte: „Alter, warum kommst du so schleppend hergegangen?“ „Das ist nicht meine Schuld“, sagte der Hase, „auf dem Weg wurde ich von einem anderen Löwen kräftig gepackt, und nachdem ich ihm geschworen hatte, wiederzukommen, bin ich nur hierher gekommen, um dich davon zu benachrichtigen.“ „Komm sofort“, sagte der Löwe, „und zeig mir, wo der schändliche andere Löwe ist.“ Der Hase nahm den Stolzen mit sich fort und ging zu einem tiefen Brunnen. Als sie dorthin gelangt waren, zeigte er dem Löwen sein eigenes Spiegelbild im Wasser und sagte: „Sieh, Herr, da ist er.“ Aufgeblasen vor Stolz warf sich der Löwe zornig in den Brunnen und ertrank.

Siehe, ein wütender Löwe wurde von einem alten Hasen überlistet.

Altindische Fabel

Aufgabe 121 a) Markiere im Beispieltext alle Stellen, die einen Hinweis auf den Charakter des **Löwen** geben. Schreibe rechts neben die markierten Stellen, welche Eigenschaften des Löwen jeweils deutlich werden.

b) Verfasse eine ausführliche Charakterbeschreibung des Löwen. Beginne mit der Formulierung: *Der Löwe wird beschrieben als …* Achte auf Abwechslung in Wortwahl und Satzbau.

c) Bei der Beschreibung des **Hasen** kannst du genauso vorgehen: Hinweise im Text markieren, Eigenschaften an den Rand schreiben, Charakterbeschreibung ausformulieren.

Aufgabe 122 a) Die Erklärung, dass der Löwe aus Dummheit in den Brunnen stürzt, ist zwar richtig, sie greift aber zu kurz. Erkläre das Verhalten des Löwen genauer.

b) Oben hast du gelernt, dass es in Fabeln eigentlich um menschliche Eigenschaften und Schwächen geht. Beschreibe, welche Art von Menschen durch die Figur des Löwen kritisiert werden soll.

Briefe schreiben

14 Warum schreibst du Briefe?

Im Zeitalter des Handys ist die Frage, warum man eigentlich noch Briefe schreibt, sicherlich berechtigt. Obwohl das Telefonieren scheinbar viel einfacher, schneller und bequemer ist, wird auch heute noch vieles brieflich erledigt. Was ist der **Unterschied** zwischen einem **Brief** und einem **Telefonat?**

Einerseits ist ein Brief unpersönlicher als ein Telefongespräch, bei dem du deinen Gesprächspartner ja unmittelbar ansprichst, seine Reaktionen sofort erfährst und eine direkte Rückmeldung bekommst. Du kannst daher einen Brief schreiben, wenn du etwas Unangenehmes mitteilen möchtest, ohne direkt mit der Reaktion des Gegenübers konfrontiert sein zu müssen. Das kann zum Beispiel dann von Vorteil sein, wenn du dich über etwas beschwerst.
Demgegenüber kann ein Brief aber auch viel persönlicher sein als ein Telefonat. Wenn du schreibst, hast du genügend Zeit, dir genau die richtigen Worte zu überlegen. Auch Gefühle lassen sich oft besser schriftlich ausdrücken. Häufig wird deshalb bei sehr persönlichen Mitteilungen auf den Brief zurückgegriffen (z. B. Liebesbrief oder Beileidsschreiben).
Darüber hinaus ist ein Brief auch dann das richtige Medium, wenn der Empfänger das Geschriebene verwahren muss, weil es zum Beispiel wichtige Informationen oder Unterschriften enthält. In diesem Fall spricht man von einem „offiziellen Brief" oder einem „geschäftlichen Brief".

15 Der persönliche / private Brief

Die Anlässe zum Schreiben eines Briefes können ganz unterschiedlich sein: Wie bei Gesprächen kannst du mit Briefen Informationen weitergeben, deine Gefühle mitteilen, etwas erzählen, deine Meinung äußern oder auch eine Bitte, einen Wunsch, eine Aufforderung, einen Vorschlag oder eine Beschwerde vorbringen. Persönliche Briefe an Freunde, Verwandte oder Bekannte haben natürlich eine andere Form und einen anderen Inhalt als Geschäftsbriefe.

15.1 Die äußere Form

Nicht nur bei offiziellen Briefen, sondern gerade auch bei Briefen an vertraute oder nahe stehende Menschen ist die äußere Form wichtig. Schon daran kann der Leser nämlich erkennen, wie viel **Wertschätzung** der Schreiber ihm entgegenbringt. Die formalen Regeln beim Briefeschreiben haben sich im Laufe der Zeit entwickelt und sind inzwischen allgemein anerkannt.

Die äußere Form des persönlichen / privaten Briefes

- Am rechten oberen Rand eines Briefes werden der **Ort** und das **Datum** angegeben, wo und wann der Brief verfasst wurde. Dazwischen steht ein Komma. Darunter werden zwei Zeilen freigelassen.
- Nun folgt die **Anrede** des Empfängers, hinter der erneut ein Komma gesetzt wird. Darunter bleibt eine Zeile frei.
- In der folgenden Zeile beginnt die **Einleitung.** Handelt es sich bei dem ersten Wort nicht um ein Substantiv oder die höfliche Anrede *Sie*, wird klein weitergeschrieben.
- Der **Brieftext** enthält keine weiteren Leerzeilen. Einzelne thematisch zusammengehörende Abschnitte können durch **Absätze** gekennzeichnet werden (Achtung: Nicht nach jedem Satz einen Absatz machen!). Nach dem Brieftext folgt erneut eine Leerzeile.
- Der **Sprachstil** ist höflich, **personenbezogen** und anschaulich. Nichtssagende Floskeln und Übertreibungen sind zu vermeiden.
- Am linken Rand unter dem Brieftext steht eine passende **Grußformel.**
- Darunter wird der **Name** des Verfassers des Briefes angegeben.

Aufgabe 123 Am 12. Juni 2005 schreibt Sebastian in Nürnberg einen Brief an seinen Schulfreund Patrick. Der erste Satz der Einleitung beginnt mit den Worten *Eigentlich wollte ich dir ja nicht schreiben …* Worum es in dem Brief geht, wollen die beiden nicht verraten.
Bringe die vorhandenen Informationen über Sebastians Schreiben in die richtige Briefform. Beim Hauptteil kannst du schreiben „INHALT GEHEIM!“.

15.2 Der Inhalt

Was du in deine Briefe hineinschreibst, kann natürlich an dieser Stelle nicht besprochen und geübt werden. Dennoch gibt es einige Regeln, an die du dich bei der Formulierung halten solltest.

Der Inhalt des persönlichen / privaten Briefes

- Die Formulierung der **Anrede- und der Grußformel** richtet sich nach dem Verhältnis zwischen Absender und Adressat.
- Der Text ist möglichst in die Bereiche **Einleitung, Hauptteil und Schluss** gegliedert.
- Der Inhalt geht auf den **Empfänger** des Briefes ein (Partnerbezug). Im Vordergrund steht Privates und Persönliches. Der Brief darf auch ausführlich sein.

Sehr geehrter Herr Vater … – So oder ähnlich hätte ein Brief zu Beginn des 20. Jahrhunderts durchaus noch beginnen können. Für den heutigen Leser hört sich diese **Anredeformel** allerdings recht befremdlich an, ist doch der Vater in der Regel jemand, den du gut kennst und den du nicht mit *Sie* und *Herr* ansprichst.
Je nachdem, in welchem Verhältnis der Schreiber zum Adressaten des Briefes steht, eignen sich bestimmte, fest überlieferte Anrede- oder Grußformeln. Neben der förmlichen Anrede *Sehr geehrte(r)* gibt es die vertraulichere Formulierungsmöglichkeit *Liebe(r)*. In manchen Fällen kannst du auch einfach den Namen des Adressaten nennen.

Auch die abschließende **Grußformel** orientiert sich an dem Verhältnis des Schreibers zum Empfänger. Statt der neutralen Wendung *Mit freundlichen Grüßen* kannst du auch schreiben *Dein* oder *Euer*. Wenn du möchtest, kannst du auch eine kurze Phrase verwenden, zum Beispiel *Bis bald, In Freude auf ein Wiedersehen, Mach's gut* oder Ähnliches.

Sicherlich schreibst du bei so manchem privaten Brief einfach drauflos und kümmerst dich wenig um bestimmte **Aufbaukriterien.** Auch der Empfänger wird nicht überprüfen, ob du dich an ein Gliederungsschema gehalten hast. Trotzdem solltest du dich – vor allem wenn das Briefeschreiben in der Schule geübt wird – an der Dreiteilung Einleitung–Hauptteil–Schluss orientieren:

- Gehe in der **Einleitung** kurz auf den Adressaten ein und nenne das Thema oder den Anlass des Briefes.
- Der **Hauptteil** enthält dann vor allem persönliche Informationen, vielleicht eine Erzählung, einen Bericht oder eine Beschreibung eines bestimmten Erlebnisses. Vergiss auch im Hauptteil nicht, wer den Brief liest. Anhand von Fragen oder Anspielungen auf gemeinsame Erinnerungen kannst du den Leser in den Brief einbeziehen.
- Am **Schluss** kannst du nochmals einen Bezug zwischen dem Empfänger und dem Briefinhalt herstellen.

Versuche in deinem Brief immer wieder, auf den **Empfänger** einzugehen, ihn einzubeziehen und dich in seine Situation zu versetzen. Lass den Leser spüren, dass er dir wichtig ist, dass er im Mittelpunkt steht. Anders als beim persönlichen Gespräch ist dein Gegenüber ja räumlich von dir getrennt. Gerade deshalb musst du dich verstärkt um eine „innere Nähe“ bemühen, indem du dich an den Leser wendest.

Beispiel

Kathrin muss wegen einer ernsten Krankheit für vier Wochen zu einer Kur an die Ostsee. Da ihr langweilig ist und sie ein bisschen Heimweh hat, schreibt sie ihrer Schwester einen Brief ...

Fehmarn, den 18. Juni 2005 — *Ort, Datum*

Liebe Lilly, — *Anrede*

sicherlich wunderst du dich, dass ich dir einen Brief schreibe, obwohl ich mein Handy dabeihabe. Vielleicht hast du auch gar nicht sofort Zeit, ihn ganz zu lesen. Hast du in der Schule gerade viel zu tun? Na ja, trotz allem: Ich schreibe dir, weil es hier seit Stunden in Strömen regnet und ich gerade an dich gedacht habe. Wenn du jetzt hier wärst, könnten wir uns mit Reden oder einem Spiel die Zeit vertreiben. — *Einleitung*

Hauptteil

Da du aber nicht hier bist, muss ich alleine sehen, wie ich den langweiligen Tag hinter mich bringe. Ich hätte niemals gedacht, dass man sich so auf die verschiedenen Mahlzeiten eines Tages freuen kann, wie ich es heute empfinde. Beim Essen geht die Zeit wenigstens ein bisschen schneller vorüber. Das Essen selbst ist übrigens ganz gut, gestern gab es sogar eine knusprig gebackene Pizza Funghi, die dir sicherlich auch geschmeckt hätte.
Meine freie Zeit verbringe ich immer mit Sabine. Sie ist zwar fast zwei Jahre älter als ich, aber wir verstehen uns sehr gut. Wir setzen uns oft in die Cafeteria und tun so, als seien wir ganz vornehme Kurgäste. Wir lästern dann meistens über die Leute, die sich außer uns in der Cafeteria herumtreiben. Für die meisten haben wir uns eigene Namen und Geschichten ausgedacht, die oft irgendetwas mit verflossenen Liebschaften und betrogenen Erben zu tun haben. Das hört sich für dich vielleicht komisch an, aber es macht uns wirklich viel Spaß. Sabine hat allerdings heute Besuch von ihren Eltern, sodass ich meine Zeit alleine verbringen muss.
Krank fühle ich mich eigentlich nicht mehr. Doktor Steiner hat auch gesagt, meine Blutwerte seien wieder völlig in Ordnung. Trotz aller Entbehrungen hat sich meine kleine Kur also sehr gelohnt und ich bin jetzt doch froh, dass ihr mich dazu überredet habt. Das Gesicht des Doktors erinnert mich übrigens immer an den seltsamen Freund von Tante Grete, über den wir letztes Jahr an Weihnachten so viel gelacht haben – erinnerst du dich?

Schluss

So, bevor ich dich weiter mit meinem eintönigen Kurleben langweile, beende ich den Brief lieber. Irgendwie ist es ganz schön, jemanden zu haben, dem man an einem solchen Tag einen Brief schreiben kann – trotz Handy. Ich hoffe, bei euch ist alles in Ordnung. Grüße alle von mir.

Grußformel

Bis bald und viel Spaß in der Schule ☺

Name des Verfassers

Deine Kathrin

Aufgabe 124 a) Sowohl in der Einleitung als auch in den anderen Teilen des Briefes bemüht sich Kathrin darum, ihre Schwester in das Geschriebene mit einzubeziehen. Unterstreiche diese Stellen.

b) Nenne die drei Themen, mit denen sich der Hauptteil inhaltlich beschäftigt.

15.3 Die Beschriftung des Briefumschlags

Auch für die Beschriftung des Briefumschlags gibt es festgelegte Regeln. Sie ermöglichen eine exakte Sortierung und schnelle Beförderung der Briefe durch die Post.

Der Briefumschlag

- Die **Adresse des Empfängers** steht im unteren Drittel des rechten Randes.
- Die Adresse enthält die Anrede, den Namen, die Straße und die Hausnummer, die Postleitzahl und den Wohnort des Empfängers.
- Am linken Rand oben steht die **Anschrift des Absenders.** Auch hier werden Name, Straße und Hausnummer, Postleitzahl und Wohnort aufgeführt.

Beispiel Kathrin hat den Brief an ihre Schwester folgendermaßen beschriftet:

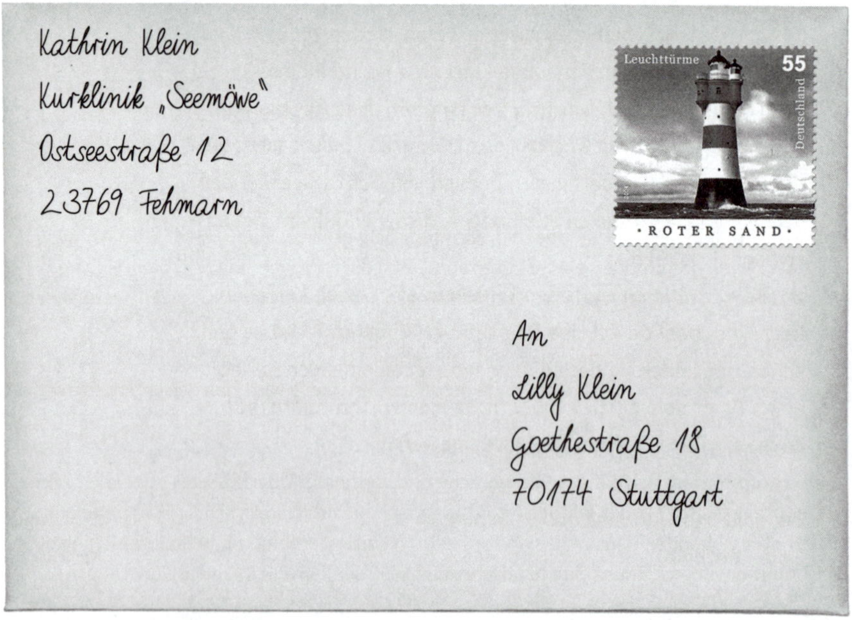

16 Der offizielle/sachliche Brief

Offizielle Briefe an fremde Menschen in Firmen, Behörden oder Ämtern unterscheiden sich deutlich von privater Post. Sie unterliegen einer festgelegten Form, dazu gehören auch bestimmte Anrede- und Abschiedsformeln. Niemand erwartet von dem Verfasser eines solchen Briefes, dass er etwas über seine Gefühle schreibt oder dass er auf den Empfänger eingeht. Vielmehr kommt es hier auf die **präzise Formulierung eines sachlichen Anliegens** an.

16.1 Die äußere Form

Beim offiziellen Brief ist es wichtig, dass der Leser genau weiß, wer den Brief geschrieben hat – er kennt den Absender ja meist nicht persönlich –, und welches Anliegen der Schreiber verfolgt. Einige formale Regeln gilt es zu beachten:

Die äußere Form des offiziellen/sachlichen Briefes

- Links oben erfolgt die exakte Angabe von Name und Adresse des **Absenders.**
- Darunter steht die vollständige Anschrift des **Empfängers.** Dazu gehören gegebenenfalls auch die Abteilung, die Büronummer oder der Name eines bestimmten Mitarbeiters.
- Am rechten oberen Rand werden der **Ort** und das **Datum** angegeben, wo und wann der Brief verfasst wurde.
- Die **Kurzüberschrift in der Betreffzeile** kann auf den Anlass des Briefes hinweisen.
- Danach folgt die **Anrede,** wobei die Wendung *Sehr geehrte/r Frau/Herr ...* üblich ist. Ist der Name des Empfängers nicht bekannt, wird die Formulierung *Sehr geehrte Damen und Herren ...* oder *Sehr geehrte Mitarbeiterinnen und Mitarbeiter der Firma ...* verwendet. Hinter der Anrede wird ein Komma gesetzt, es folgt eine Leerzeile.
- Nun beginnt der eigentliche **Brieftext:** die möglichst **sachbezogene, knappe Beschreibung des Anliegens.** Das erste Wort der ersten Briefzeile wird klein geschrieben, sofern es die Wortart zulässt.
- Die sprachliche Darstellung verlangt einen **sachlichen, höflich-verbindlichen Stil.** Der Text konzentriert sich auf das Wesentliche und vermeidet Überflüssiges oder Persönliches.
- Der offizielle Brief endet mit der **Abschiedsformel** *Mit freundlichen Grüßen* und dem darunter stehenden **Namen des Absenders.** Wurde der Brief mit Schreibmaschine oder Computer verfasst, muss eine handschriftliche **Unterschrift** hinzugefügt werden.

Beispiel

Bevor Kathrin einen Platz in der Kurklinik bekommen hat, mussten ihre Eltern um ihre Aufnahme bitten. Bei einem ersten Telefonat mit der Klinikverwaltung wurden sie gebeten, einen schriftlichen Antrag für Kathrins Aufnahme zu stellen. Das Schreiben sah so aus:

Heike und Heinz Klein Goethestraße 18 70174 Stuttgart Stuttgart, den 12. 1. 2005	*vollständige Anschrift des Absenders, Ort und Datum*
An die Kurklinik „Seemöwe" Hauptverwaltung / Herr Krankmann Ostseestraße 12 23769 Fehmarn	*genaue Anschrift des Empfängers*
Bitte um einen Kurtermin für unsere Tochter	*Angabe des Inhalts des Briefes (Betreffzeile)*
Sehr geehrter Herr Krankmann,	*Anrede*
wie telefonisch bereits besprochen, wenden wir uns hiermit nochmals offiziell an die Klinikverwaltung …	*Brieftext*
Mit freundlichen Grüßen	*Grußformel*
Heike Klein Heinz Klein Heike und Heinz Klein	*Unterschrift und Name des Absenders*

Aufgabe 125

Vergleiche die Form des privaten Briefes mit der des offiziellen Briefes. Trage in eine Tabelle die einzelnen Unterschiede ein und versuche zu erklären, warum sie sich unterscheiden.

Privater Brief	Offizieller Brief	Möglicher Grund des Unterschieds

16.2 Der Inhalt

Offizielle Briefe werden zu den verschiedensten Anlässen geschrieben. Adressaten sind beispielsweise Versandhäuser, Hotels, Behörden, Freizeitparks oder Schulen. Inhalte von sachlichen Schreiben sind etwa Anfragen, Beschwerden oder Terminvereinbarungen. Folgende Regeln für die inhaltliche Gestaltung lassen sich dabei auf die meisten Briefe übertragen.

Der Inhalt des offiziellen/sachlichen Briefes

- Der Verfasser stellt sich selbst und den Schreibanlass zunächst kurz vor. Er kann gegebenenfalls an vorangegangene Briefe, Telefonate oder andere Gespräche anknüpfen.
- Anschließend wird knapp das Anliegen, der Sachverhalt geschildert. Dabei sind eventuell Informationen, Begründungen oder Belege zu liefern. Der Verfasser des Briefes kann hier auch auf mögliche Folgen verweisen oder eigene Vorschläge einbringen. Auch Fragen oder Wünsche lassen sich hier formulieren.
- Schließlich blickt der Verfasser in die Zukunft, indem er eine Bitte äußert, eine Hoffnung ausdrückt oder die Konsequenzen des Briefes nochmals zusammenfassend benennt.

Achtung: Falls vorhanden, gib bei geschäftlichen Briefen deine Kundennummer an. Entweder schreibst du sie unter die Anschrift im Kopf des Briefes oder an den Beginn des Brieftextes.

Aufgabe 126 An dem Tag, an dem Kathrins Eltern den Brief an die Kurklinik schreiben, möchten sie auch noch die Schule über das lange Fehlen ihrer Tochter informieren. Auch diesem Brief ist ein Telefongespräch vorausgegangen.

Benutze alle Informationen über Kathrins Kuraufenthalt, die du ab Seite 134 finden kannst, und schreibe aus der Sicht der Eltern einen offiziellen Brief an die Schulleitung. Die vollständige Adresse der Schule findest du auf dem Briefumschlag unten auf dieser Seite.

16.3 Die Beschriftung des Briefumschlags

Im Prinzip kannst du den Umschlag eines offiziellen/sachlichen Briefes genauso beschriften wie den privaten Brief. Häufig haben offizielle Briefe allerdings ein anderes, breiteres Format.
Benutzt du einen Briefumschlag mit Sichtfenster, lässt sich der Brief so falten, dass die Anschrift auf dem Brief automatisch in diesem Sichtfenster erscheint. Den Absender kannst du dann in die linke obere Ecke des Umschlags schreiben. Falls du vorgedrucktes Briefpapier verwendest, steht der Absender meist in kleinen Buchstaben über der Stelle, an welcher die Anschrift des Empfängers eingetragen wird. Beides erscheint nach richtigem Falten schließlich im Sichtfenster.

Beispiel Ein offizieller Brief kann im Umschlag folgendermaßen aussehen:

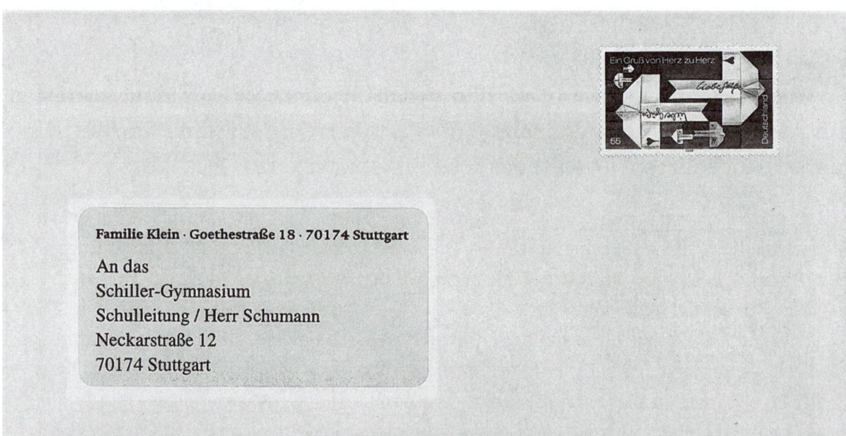

16.4 Exkurs: Maschinenschriftliche Regeln

Früher war bei Privatbriefen die **handschriftliche Form** üblich. Heute wird in den meisten Fällen die Schreibmaschine oder der Computer verwendet. Nur bei manchen, sehr persönlichen Anlässen (z. B. Liebesbrief, Beileidsschreiben) erscheint es angebrachter, den Brief mit der Hand zu schreiben. Bei handgeschriebenen Briefen musst du dich auf jeden Fall um eine leserliche Schrift bemühen. Aufgrund der äußeren Form bildet sich der Empfänger einen ersten Eindruck. Mit einem ansprechend gestalteten Brief zeigst du gegenüber dem Adressaten deine Wertschätzung und Höflichkeit. Offizielle Briefe schreibst du am besten mit der **Schreibmaschine** oder mit dem **Computer,** auch wenn es nicht unbedingt erforderlich ist. Dazu gibt es einige formale Regeln:

Schreiben mit der Schreibmaschine oder dem Computer: Grundregeln

- Trenne Anrede und Grußformel vom übrigen Brieftext durch eine **Leerzeile** ab.
- Hänge **Satzzeichen** (Punkt, Komma, Semikolon, Doppelpunkt, Frage- und Ausrufezeichen) ohne Leerschritt direkt an das vorangehende Wort an. Das nächste Wort folgt nach einem Leerschritt.
- Lasse ausreichend breite **Ränder** an den Seiten. Es empfiehlt sich, den linken Rand 4 cm, den rechten Rand 3 cm breit zu wählen. Diese Daten kannst du im Textverarbeitungsprogramm einstellen unter *Datei – Seite einrichten – Seitenränder.*
- Verzichte bei der Wahl der **Schriftart und -größe** auf zu individuelle Experimente. Die Schriftart *Times New Roman* in der Schriftgröße 12 ist allgemein akzeptiert und gut lesbar.
- Gehe sparsam mit **Absätzen** um und beginne nicht nach jedem Satz eine neue Zeile. Absätze markieren allenfalls größere, zusammenhängende Sinnabschnitte.
- Möchtest du ein Wort besonders kennzeichnen, kombiniere nicht alle Möglichkeiten der computertechnischen **Hervorhebung** (also **fett**, *kursiv* und unterstrichen).

17 E-Mail für dich

Die verbreitetste Form des Briefeschreibens ist heute sicherlich der Einsatz von E-Mails. Hiermit kannst du schnell, preisgünstig und ohne großen Aufwand schriftliche Nachrichten verschicken und empfangen. Obwohl die Schreibsituation und der Schreibanlass einer E-Mail oft denen eines herkömmlichen Briefes ähneln, weichen die formalen Kriterien doch deutlich davon ab.
Auch wenn die E-Mail nicht langfristig aufbewahrt wird und oft nur einem **schnellen Informationsaustausch** dient, solltest du bestimmte Regeln einhalten:

Auch für E-Mails gilt: Die Form wahren

- Gib in der **Betreffzeile** der E-Mail den **Anlass** des Schreibens an, um einen Viren-Verdacht beim Empfänger auszuräumen.
- Falls deine E-Mail-Adresse nicht automatisch erkennen lässt, um wen es sich bei dem Absender handelt, kannst du in der Betreffzeile auch deinen richtigen **Namen** angeben.
- Auch die E-Mail beginnt in der Regel mit einer **Anrede**, die durchaus nicht so förmlich sein muss wie bei einem Brief. Wenn der Empfänger dem Absender sehr vertraut ist, genügt oft ein einfaches „Hallo" samt Namensnennung. Bei offiziellen E-Mails und unbekannten Empfängern greifst du auf die bewährte Formulierung *Sehr geehrte(r)* zurück.
- Ähnlich wie bei einem Brief solltest du dich (falls erforderlich) zunächst kurz vorstellen und deine Situation schildern. Dann äußerst du dein Anliegen, nennst den Grund des Schreibens und formulierst einen Wunsch, eine Bitte, einen Auftrag oder Ähnliches.
- Am Schluss steht die **Grußformel**, wie sie dem Schreiber „normaler" Briefe längst vertraut ist. Offizielle E-Mails enden mit der Formulierung *Mit freundlichen Grüßen* samt Namensnennung. Eine Unterschrift kannst du natürlich nicht ergänzen.
- Denke daran, dass der Empfänger nicht automatisch die Postadresse des Absenders kennt. Wenn du also etwas bestellst, das später als normaler Brief oder Paket zugeschickt werden soll, musst du zusätzlich die **Postadresse** angeben.

Achtung: Scheinbar unaufhaltsam verbreitet sich die Meinung, man müsse in E-Mails nicht auf die Regeln der **Rechtschreibung und Zeichensetzung** achten. Das Benutzen von bestimmten Abkürzungen ist dabei noch weniger problematisch als der völlige Verzicht auf Punkt und Komma oder das Ignorieren der Groß- und Kleinschreibregeln.
Als Argument äußern die Rechtschreibignoranten, dass es ihnen ja in der E-Mail nur auf eine kurze Information und nicht „auf das richtige Schreiben" ankomme – als ob die angemessene Orthographie den Informationsgehalt eines Textes einschränken könnte.

Egal, wem du schreibst und wie kurz die Informationen auch sind, du solltest immer bedenken, dass der Stil und die Form eines Briefes etwas über den Charakter und die Bildung des Verfassers sowie über seine Wertschätzung des Lesers verraten. Wer sich ein bisschen Mühe beim Schreiben gibt, signalisiert automatisch, dass er die Rechtschreibung einigermaßen beherrscht und dass er den Empfänger achtet. Wer sich keine Mühe gibt, signalisiert das Gegenteil.

Aufgabe 127 Kathrin ist inzwischen aus der Kur zurückgekehrt. Beim Kofferauspacken bemerkt sie, dass sie ihre Lieblings-CD in der Klinik vergessen hat. Es scheint ihr am einfachsten, eine kurze E-Mail an Jan, den Zivildienstleistenden an der Pforte, zu schreiben. Sie hatte sich ein paar Mal mit ihm über die CD unterhalten.
Ob der Zivildienstleistende Kathrins Anliegen wirklich versteht und sich um die CD kümmert? Formuliere die E-Mail nach den oben genannten Regeln in einer angemesseneren Form neu.

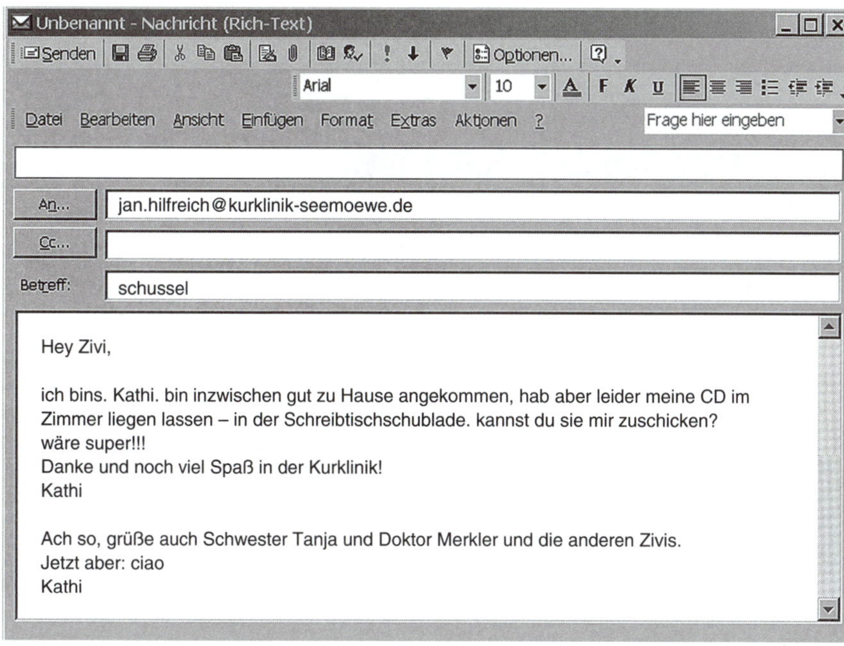

An: jan.hilfreich@kurklinik-seemoewe.de

Betreff: schussel

Hey Zivi,

ich bins. Kathi. bin inzwischen gut zu Hause angekommen, hab aber leider meine CD im Zimmer liegen lassen – in der Schreibtischschublade. kannst du sie mir zuschicken? wäre super!!!
Danke und noch viel Spaß in der Kurklinik!
Kathi

Ach so, grüße auch Schwester Tanja und Doktor Merkler und die anderen Zivis.
Jetzt aber: ciao
Kathi

Lösungen

Aufgabe 1
- Bild 1: Der Junge erzählt, wie es zu seiner Verletzung kam. Wahrscheinlich hat er sich bei einem Sturz das Knie aufgeschlagen.
- Bild 2: Der Angler berichtet stolz von einem außergewöhnlichen Fang.
- Bild 3: Der Großvater erzählt dem Enkel eine spannende Geschichte von früher. Sicherlich spielen seine Vorfahren darin eine Rolle.

Aufgabe 2
Der Text ist nicht mündlich erzählt, sonst enthielte er Wiederholungen, Korrekturen, Pausen und andere Merkmale der gesprochenen Sprache. Der korrekte Satzbau und die durchdachte Wortwahl beweisen zusätzlich, dass es sich um einen **geschriebenen Text** handelt.

Aufgabe 3
Einleitung
Einen Tag später hatten wir wiederum Unterricht bei Herrn Zahlmann. Diesmal in der zweiten Stunde. Wir waren alle gespannt, ob er wohl noch etwas zu dem Vorfall mit der Spinne sagen würde.

Hauptteil
Zuerst benahm er sich ganz normal und prüfte streng die Hausaufgaben. Danach begann er ein paar Aufgaben an die Tafel zu schreiben, die wir ins Heft übertragen sollten. Plötzlich unterbrach Zahlmann seine Arbeit und blickte auf den Boden hinter dem Pult – wir konnten nicht sehen, was seinen Blick dort hinlenkte. Er bückte sich, hob langsam etwas auf und schüttelte den Kopf. Er ging mit der vorsichtig geschlossenen Faust auf Klaus zu, der in der ersten Reihe saß, und sagte: „Das ist ja ein Prachtexemplar von einer Spinne." Klaus hatte am Vortag sehr laut gelacht und getönt, dass man vor Spinnen keine Angst zu haben brauche. Jetzt sagte er aber kein Wort. Zahlmann stand vor ihm, öffnete die Faust und setzte einen kleinen dunklen Gegenstand auf den Tisch. Klaus schrie kurz auf. Dann begann er aber sofort zu lachen. Herr Zahlmann hatte einen Schokoladenmarienkäfer mitgebracht, dessen Beine an eine Spinne erinnerten.

Schluss
Jetzt lachte die ganze Klasse und Klaus durfte die Schokolade essen.

Aufgabe 4

W-?	Samuels Geschichte	Elisabeths Geschichte
Wer?	Samuel und Johannes	Elisabeth und ihre Schwester
Wo?	Schreckenstein	Zu Hause
Wann?	in den letzten Ferien	Sonntag im November
Was?	?	?
Warum?	?	?

Aufgabe 5 Würde die Einleitung das Ereignis und den Grund schon verraten, wäre die Geschichte nicht mehr spannend. Der Leser wüsste dann ja schon von Anfang an, was passiert und wie die Geschichte ausgeht.

Aufgabe 6 Hier gibt es keine Musterlösung.

Aufgabe 7 **Lisa:**

Heute Vormittag ist in der Schule etwas Lustiges passiert. Wir hatten in der dritten Stunde Mathe bei Herrn Zahlmann. Der war heute etwas sauer, weil einige ihre Hausaufgaben vergessen hatten.

Der Leser erwartet etwas Lustiges und ist gespannt, ob es zu einem Wutausbruch des Lehrers kommt.

Samuel:

In den letzten Ferien passierte etwas, das ich nie vergessen werde. Weil wir nicht in Urlaub fahren konnten, durfte ich eine Woche lang bei meinem Freund in Schreckenstein übernachten. Er heißt Johannes und ist genauso alt wie ich ...

Der Leser erwartet eine Geschichte, die auch er nie vergessen wird – es muss ja etwas Außergewöhnliches passiert sein. Der Ortsname „Schreckenstein" deutet auf ein gruseliges Ereignis hin.

Elisabeth:

Meine Geschichte ereignete sich an einem grau-verregneten Sonntag im November. Ich war mit meiner Schwester allein zu Hause und wir spielten Verstecken. Meine Schwester ist erst fünf Jahre alt und sowieso furchtbar ängstlich ...

Der Leser erwartet, dass etwas passiert, bei dem die kleine Schwester Angst bekommt.

Aufgaben 8, 9 Hier gibt es keine Musterlösung.

Aufgabe 10

Sandra – so heißt meine Schwester – war mit Zählen dran. Ich sollte mich verstecken und sie musste mich suchen. Wir spielten dieses Spiel gerne, wenn wir alleine zu Hause waren. Wir konnten uns dann nämlich an Orten verstecken, wo wir sonst nicht hindurften. Mutters Kleiderschrank war zum Beispiel einer dieser verbotenen Orte. Ich versteckte mich liebend gerne in diesem alten Möbelstück, das so wunderbar nach Holz roch. Es war ein komisches Gefühl, in dem warmen, dunklen Schrank zu sitzen, das Holz zu riechen und am Rücken Hosenbeine, Mäntel und Hemdsärmel zu spüren. Vor allem genoss ich es, dass Sandra mich dort nie fand, obwohl ich oft durch den Schlitz zwischen den Schranktüren hindurch beobachten konnte, dass sie direkt vor mir stand.

1. Schritt: Spannungsaufbau Versteckspiel beginnt

2. Schritt: Weiterer Aufbau der Spannung Der Kleiderschrank ist das Geheimversteck

An diesem Tag hatte ich mir vorgenommen, ihr mein Versteck endgültig zu verraten. **Allerdings nicht einfach so! Ich hatte eine Idee!**

Ich wartete in meinem Geheimversteck, bis die Suchende in meine Nähe kam. Zuerst hörte ich nur ihre Schritte, dann sah ich ihren Schatten an der Wand. Schließlich konnte ich sie sehen: Sie stand nun mit dem Rücken vor mir. Ich musste mir jetzt auf die Zunge beißen, um nicht laut loszulachen. **Nach ein paar Sekunden stand ich langsam auf, drückte die beiden Türflügel leise nach vorne und …** Ich sprang mit einem lauten Schrei aus dem Schrank heraus. „Aah!“, schrie die Überfallene völlig verzweifelt. Ich hatte ihr einen riesigen Schrecken eingejagt und es dauerte ein paar Sekunden, bis sie sich davon erholt hatte.

3. Schritt: Höhepunkt Die Schwester wird erschreckt

Dann lachten wir beide über meinen Einfall und beschlossen, eine neue Runde des Versteckspiels zu spielen.

4. Schritt: Auflösung der Spannung Beide lachen

Randspalte:	Erzählschritte, Höhepunkt (Aufgabe 10 a)
Unterstreichung:	Personen aus der Einleitung (Aufgabe 10 b)
blaue Schrift:	spannendes Vorbereiten/Ausgestalten des Höhepunktes (Aufgabe 10 c)
blaues Raster:	anschauliches Erzählen (Aufgabe 10 d)

Aufgabe 11

Hier gibt es keine Musterlösung.

Aufgabe 12

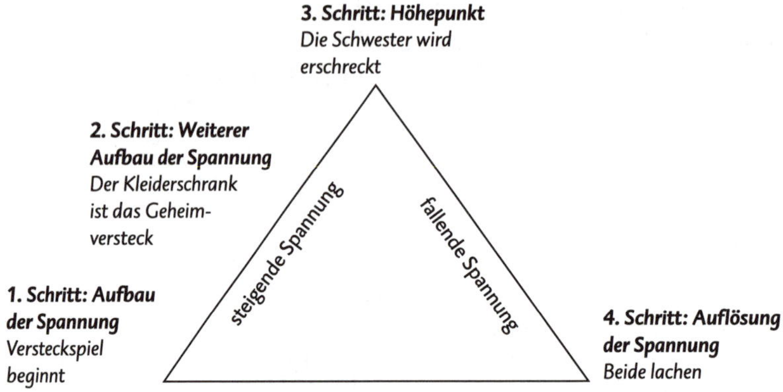

Aufgabe 13 Hier fehlen die Ausschmückungen und der Aufbau der Spannung. Eine bessere Formulierung könnte lauten:

Schon als wir an das Hindernis heranritten, bemerkte ich allerdings eine Unsicherheit. Würde auch dieser Sprung glücken?	*Frage*
Attaché zögerte kurz. Er nahm noch einen knappen Anlauf,	*Kurze Sätze*
und … Bamm! Mit den Vorderhufen schlug er gegen das Hindernis.	*Satzabbruch, Geräuschimitation*
Durch das laute Krachen war ich so erschrocken, dass ich den Halt verlor und im hohen Bogen in den Sand fiel …	*Ausschmückung*

Aufgabe 14 Mögliche Ergänzungen (in der Reihenfolge der Lücken):

Zunächst – Als wir damit fertig waren, – Erst jetzt – Später – Dann – Schließlich – Danach

Aufgabe 15 Lisa verwendet im Hauptteil folgende Überleitungen:

Ich wartete in meinem Geheimversteck, bis die Suchende in meine Nähe kam. Zuerst hörte ich nur ihre Schritte, dann sah ich ihren Schatten an der Wand. Schließlich konnte ich sie sehen: Sie stand nun mit dem Rücken vor mir. Ich musste mir jetzt auf die Zunge beißen, um nicht laut loszulachen. Nach ein paar Sekunden stand ich langsam auf, drückte die beiden Türflügel leise nach vorne und … Ich sprang mit einem lauten Schrei aus dem Schrank heraus. „Aah!“, schrie die Überfallene völlig verzweifelt. Ich hatte ihr einen riesigen Schrecken eingejagt und es dauerte ein paar Sekunden, bis sie sich davon erholt hatte.

Aufgabe 16

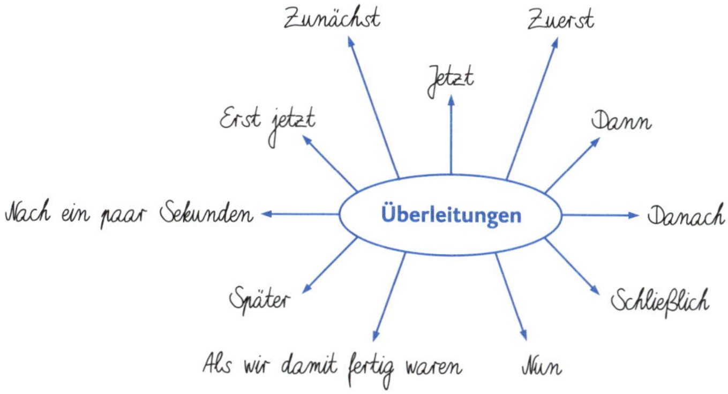

Aufgabe 17

a) Ich musste nur ziehen oder ein Stück nachgeben und sofort veränderte der bunte Vogel seine Flugbahn. Ich war richtig stolz, weil meine Schwester mich vorher *Rückblende* noch gehänselt hatte. Sie sagte, ich bekäme das mit dem Drachen nicht hin, und erinnerte mich an den letzten Herbst. Damals hatte ich nicht aufgepasst: Ich war beim *Rückblende* Starten über einen Stein gestolpert und der Länge nach hingefallen. Aber heute klappte alles. Ich schaute dem Drachen in der Luft zu und träumte vor mich hin. Später könnte ich meiner Schwester von dem erfolgreichen Start erzählen … *Vorschau*

b) Die Einschübe sind wichtig, damit der Leser weiß, warum das Kind so stolz ist, den Drachen zum Fliegen gebracht zu haben.

c)

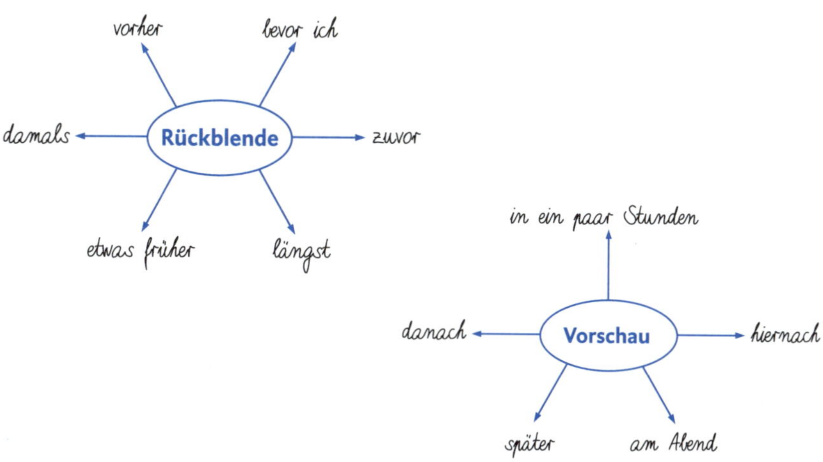

Aufgabe 18

Die riesige grüne Maschine stoppte auch sogleich und	Adjektive
stand **wie ein großes Tier, das aus der Zukunft herge-**	Vergleich
reist war, wartend im Feld. Der Mähdrescherfahrer öffne-	Partizipien
te quietschend seine Kabinentür und fragte sichtlich ge-	
nervt: „Was ist denn nun schon wieder? Wenn wir alle	Wörtliche Rede
fünf Minuten eine Pause machen, schaffen wir es bis heute	
Abend nicht mehr, das Feld abzuernten." „Ich weiß, dass	
wir uns beeilen müssen", entgegnete der andere Mann,	
„aber ich habe da etwas gesehen." Er zeigte mit einem lan-	Adjektive
gen, dünnen Finger auf etwas Rotbraunes, das rund 20 Me-	
ter weiter in der Fahrspur des Mähdreschers zu erkennen	
war. Die beiden Erstaunten wurden ruhiger und blickten	
wie gebannt zu der bezeichneten Stelle. Vorsichtig, ganz	Vergleich, Adjektive
vorsichtig gingen sie **wie zwei Katzen, die sich an ihre**	Vergleich
Beute anschleichen, auf die Stelle zu. „Was ist das?",	Wörtliche Rede
flüsterte der Fahrer. „Es sieht aus wie … Hoffentlich ist es	
kein tollwütiger Fuchs", entgegnete sein Kollege. Ängst-	Adjektive
lich tasteten sie sich vor, bis sie einen besseren Blick auf	
die Entdeckung werfen konnten. Die beiden schlossen die	
Augen, öffneten sie langsam wieder und … begannen laut	
zu lachen. „Was sind wir für Angsthasen", schallte es aus	Wörtliche Rede
ihren Mündern. Es war nämlich die alte Vogelscheuche, die	Adjektiv
umgefallen im Feld lag und ihnen einen solchen Schre-	Partizip
cken eingejagt hatte.	

Aufgabe 19

- Redebegleitsatz (z. B. *er sagte*): „Text der wörtlichen Rede."

  Beispiel: Der Mähdrescherfahrer öffnete quietschend seine Kabinentür und fragte sichtlich genervt: „Was ist denn nun schon wieder? Wenn wir alle fünf Minuten eine Pause machen, schaffen wir es bis heute Abend nicht mehr, das Feld abzuernten."

- „Text der wörtlichen Rede", Redebegleitsatz (z. B. *sagte er*).

  Beispiel: „Halt!", schrie der Mann, der neben dem Mähdrescher lief.

- „Textteil 1 der wörtlichen Rede", Redebegleitsatz (z. B. *sagte er*), „Textteil 2 der wörtlichen Rede."

  Beispiel: „Ich weiß, dass wir uns beeilen müssen", entgegnete der andere Mann, „aber ich habe da etwas gesehen."

Aufgabe 20

a) „Die Sonne scheint so schön“, sagte Vater, „lasst uns ein bisschen an die frische Luft gehen.“
b) „Wie heißt du?“, fragte die neue Lehrerin.
c) Der Postbote rief: „Hier ist der erwartete Brief aus Amerika!“
d) „Ihr könnt dann mit der Klassenarbeit beginnen“, sagte der Lehrer.
e) „Ihr wisst vielleicht“, teilte uns der Hausmeister mit, „dass im letzten Monat in die Schule eingebrochen wurde.“

Aufgabe 21

Aus der Geschichte kommen folgende Verben in den Wortsack:
schreien, tönen, fragen, entgegnen, flüstern, schallen

Du kannst beispielsweise diese Verben ergänzen:
brüllen, reden, plärren, kreischen, äußern, kundtun, antworten, sprechen, erklären, rufen

Aufgabe 22

a) der andere Mann, sein Kollege
b) der Fahrer
c) die beiden Erstaunten, die beiden

Aufgabe 23

Das soll ersetzt werden	Substantivierung	Andere Nomen
Der fahrende Mann	der Fahrende	der Fahrer, der Maschinist
Der arbeitende Mann	der Arbeitende	der Arbeiter
Das Baby, das brüllte	der/die Brüllende	*evtl.* der Schreihals
Der kleine Schüler	der Kleine	*evtl.* der Knirps, der Dreikäsehoch
Das freche Mädchen	die Freche	*evtl.* die Göre
Der Junge, der Angst hatte	der Ängstliche	*evtl.* der Angsthase
Das weinende Kind	der/die Weinende	*evtl.* die Heulsuse

Aufgabe 24

Die hier eingesetzten Begriffe sind nur Vorschläge. Du kannst teilweise auch andere Adjektive verwenden:

Eigentlich steckte die hässliche Vogelscheuche seit Jahren tief im **festen** Boden. Ein **starker** Wind musste sie umgeworfen haben. Der rotbraune Stoff ihrer **alten** Jacke war im Kontrast zu dem **hellen** Korn gut zu sehen. Die beiden **ängstlichen** Männer waren froh, dass sie das Rätsel gelöst und die Vogelscheuche erkannt hatten. Der Fahrer stieg wieder auf den **großen** Mähdrescher und setzte seine **langwierige** Arbeit fort.

Aufgabe 25 Der Beispieltext enthält drei Vergleiche:

- wie ein großes Tier, das aus der Zukunft hergereist war
- wie gebannt
- wie zwei Katzen, die sich an eine Beute anschleichen

Aufgabe 26 a) Sie schlich sich an wie eine **Raubkatze.**

b) Er war listig wie ein **Fuchs.**

c) Wir rasten schnell wie der **Blitz.**

d) Sein Vater war stark wie ein **Bär.**

e) Er konnte springen wie ein **Känguru.**

f) Und er konnte sehen wie ein **Adler.**

g) Aber sein Herz war hart wie **Stein.**

h) Die Wunde brannte wie **Feuer.**

Aufgabe 27 Hier gibt es verschiedene Formulierungsmöglichkeiten, zum Beispiel:

Gefühl, das ausgedrückt wird (expliziter Hinweis)	Umschreibung des Gefühls (impliziter Hinweis)
Er hatte große Angst.	Er wurde weiß wie Schnee und zitterte am ganzen Körper.
Er schämte sich.	Errötend blickte er nach unten.
Sie war begeistert.	Jubelnd sprang sie in die Höhe.
Er war sehr zufrieden.	Er rieb sich die Hände und nickte.
Sie wurde langsam ungeduldig.	Sie trat von einem Bein auf das andere und blickte immer wieder auf die Uhr.
Er war sehr traurig.	Er blickte nach unten, Tränen liefen über sein Gesicht.
Sie hatte Schmerzen.	Mit verzerrtem Gesicht biss sie die Zähne zusammen.
Er war zornig.	Mit zusammengekniffenen Augen starrte er uns an und atmete tief ein. Sein Gesicht war glutrot …
Sie freute sich.	Atemlos lief sie die Treppe hinunter, breitete die Arme aus und herzte den heimkehrenden Vater so fest, dass er fast umfiel …
Er war ratlos.	Er kaute auf dem Bleistift und starrte auf die Klassenarbeit. Mit den Fingerspitzen der linken Hand trommelte er leise …

Aufgabe 28 Zum Beispiel:

Oh Mann, jetzt stell' dich nicht wieder so an, bloß weil ich deinen Textmarker ausleihen möchte. Bis jetzt hast du doch alles wieder zurückbekommen. Sei nicht immer so pingelig!

Aufgabe 29 Ängstlich war meine kleine Schwester nach diesem Schreck immer noch, aber wir hatten dem grauen und verregneten Novembersonntag wenigstens ein bisschen von seiner Langeweile genommen.

Aufgreifen der Einleitung

So war das, als der Igel uns beim Gruselfilm erschreckte. Wir lachten noch mehrmals über uns selbst, schauten dann aber einen Zeichentrickfilm von Johannes' kleiner Schwester an.

Zusammenfassung

Wir hatten noch viel Freude beim Versteckspiel und ich war mir sicher, dass es nun keine Zwischenfälle mehr geben würde. Doch ich hatte den Einfallsreichtum meiner kleinen Schwester unterschätzt …

Ausblick auf das weitere Geschehen

Im letzten Beispiel wird wieder Spannung aufgebaut. Der Leser ist gespannt darauf, was sich die kleine Schwester ausdenkt, um sich zu rächen.

Aufgabe 30 a) Die Geschichte enthält einige nicht so gut gelungene Stellen:

Der Fahrraddiebstahl

Es war einmal an einem schönen Sonnentag im Sommer, an dem die Sonne schien. Wie wir es in den vergangenen Tagen häufig getan hatten, fuhren wir mit den Fahrrädern zum Freibad unserer Stadt. Wie immer stellten wir die Räder in den Fahrradständer vor dem Schwimmbadeingang. Als wir dann an der Kasse standen, wurde mein Rad gestohlen.

Langweiliger Anfang, Wiederholungen

Der Höhepunkt wird zu früh verraten

Wir machten die Räder mit einem Zahlenschloss fest. Franks Fahrrad war älter als meines, sein Bruder hatte es schon benutzt. Er wohnte jetzt in Nürnberg und studierte dort. Vielleicht war sein Studium aber auch schon beendet. Wir gingen über den Parkplatz zur Kasse, um den Eintritt zu bezahlen. Und dann sahen wir schon den Jungen, der uns beobachtete. Und dann schaute der Junge auf unsere Fahrräder. Und dann dachten wir schon, dass er

Unnötige, langweilige Informationen

„und dann"-Häufung, langweilige Wiederholung des Nomens „der Junge"

nichts Gutes im Schilde führe. Als wir an der Kasse standen, lief der Junge auf unsere Fahrräder zu. Geschickt öffnete er das Zahlenschloss und radelte mit meinem Fahrrad davon. Die Warteschlange hinter uns war inzwischen sehr lang, sodass wir ihm nicht schnell genug folgen konnten. Jan sagte noch, dass ihm letztes Jahr das Gleiche passiert sei. Ich rief meine Eltern an, die mich am Schwimmbad abholten. Ich beobachtete die Straße und… plötzlich kamen sie mit ihrem Auto um die Ecke gefahren. Wir meldeten den Vorfall der Polizei und hoffen nun, dass der Dieb gefasst wird.

Höhepunkt wird nicht spannend ausgestaltet

Person tritt auf, die bisher nicht vorgestellt wurde

Unsinniger Spannungsaufbau am Schluss

b) Bei dieser Geschichte ist keine „erste Hilfe“ nötig:

Der Fahrraddiebstahl

Es war ein wunderschöner Sommertag, wie wir Kinder ihn lieben. Der Besuch des Freibades war uns in den beiden ersten Ferienwochen bereits zu einer schönen Gewohnheit geworden und auch an diesem wüstenheißen Tag fieberten wir der notwendigen Abkühlung entgegen. Zu gewohnter Uhrzeit fuhren wir mit unseren Fahrrädern den Weg zum Freibad, wobei sich unsere Gruppe nach und nach vergrößerte. Kurz bevor wir das Schwimmbad erreichten, stieß auch Frank zu uns. Wir gingen in die selbe Klasse und verabredeten uns jeden Tag wieder neu für's Freibad. Am Schwimmbad angekommen, schlossen wir unsere Räder an dem dafür vorgesehenen Metallständer fest. Wir nahmen unsere Portmonees aus den Rucksäcken und stellten uns voller Vorfreude an der Kasse an. Wie ein Ritual hatten wir all dies in den vergangenen beiden Wochen täglich wiederholt. Doch heute sollte alles ganz anders kommen! Schon vorher war mir ein etwas älterer Junge aufgefallen, der in der Nähe des Fahrradständers stand und uns beobachtete. Plötzlich – ich stand nun mitten in der Schlange – sah ich, wie er zu meinem Fahrrad lief. „Das kann ja wohl nicht wahr sein!“, dachte ich. Der Fremde ging vor dem Rad in die Hocke, blickte sich um, presste die Lippen zusammen und … Mit geschickten Fingern öffnete er das Zahlenschloss, mit welchem mein Rad gesichert war. Bevor ich etwas unternehmen konnte , radelte er davon.

In einer Mischung aus Entsetzen und Scham darüber, dass ich selbst nichts hatte unternehmen können, blieb mir nichts weiter übrig, als meine Eltern zu informieren. Sie holten mich am Schwimmbad ab und fuhren gleich mit mir zur Polizei. Frank nahmen wir als Zeugen mit. Nun hoffen natürlich alle, dass der Dieb bald gefasst wird.

Aufgabe 31 Hier gibt es keine Musterlösung.

Aufgabe 32

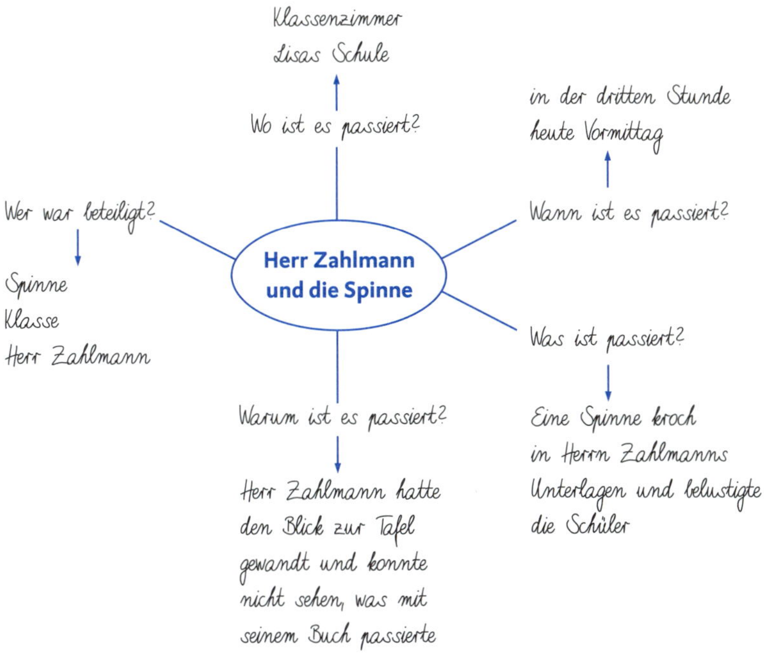

Aufgabe 33

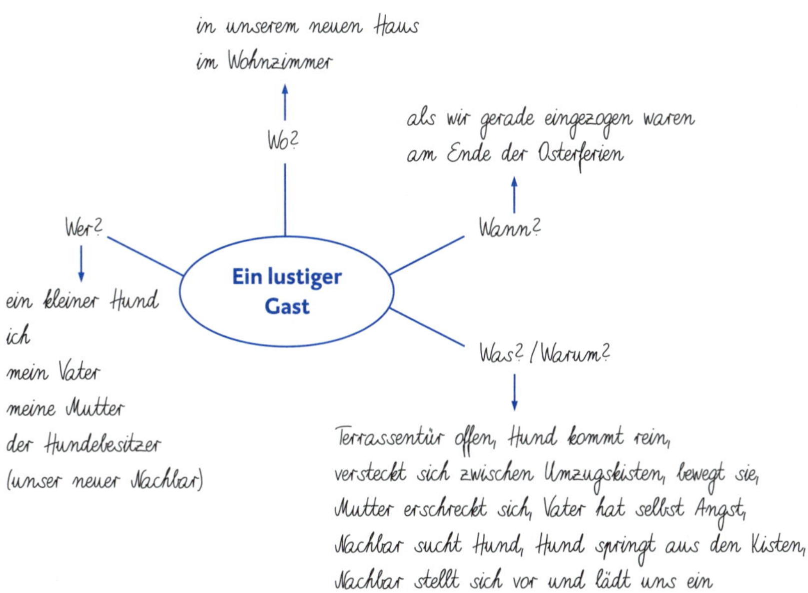

Aufgabe 34 Zum Beispiel:

Einleitung
- Am Ende der Osterferien
- Am Schluss des Umzugs in das neue Haus
- Alle gestresst

Hauptteil
- Der Umzug ist fast fertig
- Im Wohnzimmer liegen viele leere Umzugskartons
- Mutter sucht etwas im Wohnzimmer
- Sie bemerkt ein Geräusch und sieht, dass sich die Kartons bewegen, sie ruft Vater
- Der kommt und hat Angst, die Kartons wegzuräumen
- Vorsichtig nähern sie sich dem Geheimnis
- Plötzlich hören sie, dass jemand pfeift
- Sofort springt ein Hund aus den Kartons und läuft auf die Terrasse
- Der Mann, der eben gepfiffen hat, kommt herein und stellt sich als der Hundebesitzer und unser neuer Nachbar vor

Schluss
- Alle lachen
- Der Mann ist sehr nett und lädt uns zum Essen ein, wir haben den ersten Kontakt im neuen Wohnort geknüpft

Aufgabe 35 Zum Beispiel:

Ein lustiger Gast

Die vergangenen Osterferien werde ich wohl nicht so schnell vergessen. Das liegt einerseits an dem ganzen Stress, den unser Umzug in dieser Zeit mit sich brachte, andererseits aber auch an einem lustigen Ereignis, das sich am Schluss unserer Arbeit zutrug.

Wir hatten das Gröbste des Umzuges bereits hinter uns und vor allem die leeren Umzugskartons in unserem neuen Wohnzimmer erinnerten noch an die Plackerei der vergangenen Tage. Meine Mutter – die von dem Durcheinander offensichtlich am meisten genervt war – suchte seit einer halben Stunde den Dosenöffner. Als sie gerade im Wohnzimmer ein paar der leeren Kartons zur Seite schieben wollte, fiel ihr etwas Außergewöhnliches auf. Sie zuckte, kniff die Augen zusammen und schaute nochmals genauer zu der verdächtigen Stelle. Und tatsächlich: Ein Karton bewegte sich. Außerdem hörte man schabende Geräusche darunter. Schnell rief sie meinen Vater herbei, der ihren Eindruck zwar bestätigte, sich aber nicht näher herantraute. Inzwischen waren auch wir Kinder an dem gruseligen Ort eingetroffen. Mehr als vorsichtig näherten sich alle Familienmitglieder dem Karton und zucken plötzlich wie vom Blitz ge-

troffen zusammen. Was sich abspielte war unglaublich: Nachdem ein kurzer, durchdringender Pfiff von draußen zu hören war, flog der geheimnisvolle Umzugskarton zur Seite und ein kleiner Hund erschien darunter. Er wedelte mit dem Schwanz, sauste an meinen erstaunten Eltern vorbei und verließ das Wohnzimmer durch die geöffnete Terrassentür. Im selben Moment erschien dort ein freundlich aussehender älterer Mann, der sich als der Urheber des Pfiffs, als Besitzer des Hundes und als unser neuer Nachbar vorstellte.
Nach der Anspannung begannen nun alle laut zu lachen und stellten sich gegenseitig vor. Als Entschädigung für diesen Schreck lud uns der Mann zum Essen ein und wir waren froh, schon so schnell einen netten Kontakt in der neuen Wohngegend geknüpft zu haben.

Aufgabe 36 Zu sehen könnte sein:
Kiosk, Tauben, Bahnhofsuhr, Bänke, Gepäckwagen, Bahnangestellte in Uniform, volle Mülleimer, Fahrplantafeln, Güterwaggons auf den Nachbargleisen, ein Liebespaar, eine alte Frau, die ihren Koffer hinter sich herzieht, ...

Aufgabe 37 Hier gibt es keine Musterlösung.

Aufgabe 38 Hast du die zehn Unterschiede zwischen den beiden Bildern entdeckt?

Aufgabe 39 a) *Gestik:* Der Junge reißt die Hände nach oben, sein Oberkörper ist leicht zurückgelehnt.
Mimik: Augen und Mund sind weit aufgerissen.
Stimmungen: Angst, Erschrecken, Entsetzen, Erstaunen

b) *Gestik:* Das Mädchen hat die Hände an die Körperseiten gedrückt. Die Arme bilden Bögen. Es ist leicht nach vorn gebeugt.
Mimik: Die Augen sind nur kleine Schlitze, der Mund ist geschlossen.
Stimmungen: Zorn, Wut

c) *Gestik:* Der Junge befindet sich in leicht gebückter Haltung und hält die Arme vor die Augen.
Mimik: Der Junge schaut weg, die Augen sind verdeckt.
Stimmungen: Angst, Abwehr

d) *Gestik:* Das Mädchen hält den Kopf schräg und stützt ihn auf die gefalteten Hände, mit den Ellbogen stützt sie sich auf den Tisch.
Mimik: Die Augen des Mädchens sind geschlossen, sie lächelt leicht.
Stimmungen: Müdigkeit, Zufriedenheit, Glück

e) *Gestik:* Der Junge läuft aufrecht. Er hat beide Arme nach oben gerissen. Die Hände sind zu Fäusten geballt.
Mimik: Die Augen sind weit offen. Der Junge lacht mit geöffnetem Mund.
Stimmungen: Freude, Euphorie, Siegesgewissheit

Aufgabe 40

Frage	Bild 1	Bild 2
Welche Figuren sind zu sehen?	ein kleiner Junge ein größerer, älterer Junge	ein kleiner Junge ein größerer, älterer Junge
Was erfahre ich über die einzelnen Figuren?	kleiner Junge: trägt eine lange Hose und ein T-Shirt, blickt eingeschüchtert und macht sich klein, verschränkt die Hände hinter dem Rücken großer Junge: trägt Sportkleidung und hat die Haare anrasiert, deutet auf den Korb und blickt den kleinen Jungen überheblich an, spricht mit dem kleinen Jungen	kleiner Junge: freut sich über das Missgeschick, lacht großer Junge: hat die Scheibe eingeworfen und ist entsetzt

In welcher Beziehung stehen sie zueinander?	Der kleine Junge hat Angst vor dem großen. Er ordnet sich unter. Der große Junge will dem kleinen etwas zeigen. Er fühlt sich überlegen.	Sie sind voneinander abgewandt. Die Überlegenheitsverhältnisse haben sich umgekehrt.
Was machen diese Figuren?	Der große Junge will dem kleinen zeigen, wie man den Ball in den Korb wirft. Der kleine Junge hört eingeschüchtert zu.	Der Kleine krümmt sich vor Lachen, der Große kaut vor Angst und Scham auf den Fingernägeln.
Wodurch sind ihre Handlungen ausgelöst?	Der Kleine hat wohl Angst, er fühlt sich unterlegen und benimmt sich deshalb so. Der Große ist sich sicher, dass er den Korb trifft.	Der Große hat mit dem Basketball eine Scheibe eingeworfen.
Welches Ergebnis haben die Handlungen?	Der Kleine ist völlig eingeschüchtert, der Große ist sehr selbstsicher.	Die Scheibe ist kaputt. Das Überlegenheitsverhältnis ändert sich.
Wo befinden sich die Figuren?	Spielplatz im Wohngebiet	Spielplatz im Wohngebiet
Was könnten die Figuren wohl gerade denken?	Der Kleine denkt: Du Angeber! Der Große denkt: Dem werde ich zeigen, wie man einen Korb wirft!	Der Kleine denkt: Das geschieht dem Angeber Recht. Der Große denkt: Oh nein! Was mache ich jetzt bloß?

Aufgabe 41

W-?	Aus dem ersten Bild ergibt sich	Dazu erfunden werden kann
Wer?	großer Junge, kleiner Junge	
Wo?	vor einem Basketballkorb	z. B.: In der Nähe des Elternhauses des kleinen Jungen
Wann?	–	z. B.: Am Ende der Sommerferien
Was?	großer Junge will Basketball werfen	z. B.: Der kleine Junge hat neuen Ball
Warum?	–	z. B.: Der kleine Junge wirft schon eine Weile und trifft nicht

Aufgabe 42 An einem schönen Sommertag in den Ferien wollte Peter den Basketball ausprobieren, den er von seiner Tante zum Geburtstag geschenkt bekommen hatte. Seine Tante wohnte in Hamburg und die beiden sahen sich nicht sehr oft. Sie betrieb dort einen Kleiderladen und war sehr beschäftigt. Nur an Peters Geburtstag nahm sie sich immer Zeit und besuchte ihn. Vor zwei Jahren hatten die beiden zum Beispiel zusammen einen Ausflug unternommen, im Jahr vorher waren sie im Kino. Letztes Jahr durfte Peter seine Tante sogar in Hamburg besuchen und in diesem Jahr gab es den Basketball. Peter ging also mit seinem Ball auf den Spielplatz in der Nähe. Zum Glück hing dort nämlich ein Basketballkorb …

Guter Einleitungssatz: Wichtige W-Fragen werden beantwortet; Gute Ausführung zur Frage WER?

Schlecht: Zu weites Abschweifen vom Thema in der Einleitung

An einem schönen Sommertag in den Ferien wollte Peter seinen Basketball, den er von seiner Tante bekommen hatte, ausprobieren. Peter war ein kleiner schmächtiger Junge. Er trug eine Jeans, die unten umgeschlagen war. Die Hose hatte zwei Taschen und war schon ziemlich ausgebeult. Außerdem trug er ein helles T-Shirt. An den Füßen trug er helle Halbschuhe, die nur knapp unter den weiten Hosenbeinen hervorblickten. Peter hatte blondes, nach links gekämmtes Haar. In der Mitte standen ein paar Haare nach oben. Seine Nase und sein Mund waren sehr dünn …

Schlecht: Die Tante müsste etwas genauer vorgestellt werden.

Schlecht: Hier werden einfach die Bilder beschrieben. Viele Dinge haben nichts mit der Geschichte zu tun und müssen nicht beschrieben werden.

Aufgabe 43 Eine bessere Einleitung könnte zum Beispiel lauten:

Es war der erste Sonnentag in den großen Ferien. Endlich konnte Peter den Basketball ausprobieren, den er von seiner Tante aus Hamburg zum Geburtstag geschenkt bekommen hatte. Peter sah seine Tante nicht oft, weil sie berufstätig war. Sein Geburtstagsgeschenk vergaß sie allerdings nie. Peter war sehr stolz auf den großen roten Ball. Er nahm ihn mit auf den Spielplatz in der Nähe, wo zum Glück seit einem Jahr ein Basketballkorb hing …

Aufgabe 44 a)

Etwa Folgendes muss sich abspielen: Der große Junge dribbelt angeberisch, kommentiert sein eigenes Spiel wie ein Radioreporter, läuft auf den Korb zu und wirft. Mit lautem Klirren fliegt der Ball in die Fensterscheibe des angrenzenden Hauses.

b) Im vorausgehenden Bild sieht man das **Vorhaben** des großen Jungen: Er will dem kleinen nun zeigen, wie man richtig spielt.
Im folgenden Bild sieht man das **Ergebnis** seiner Handlung: Die Scheibe ist kaputt.

Aufgabe 45

Eignet sich für einen zusammenfassenden Schluss	Eignet sich für einen Schluss, der in die Zukunft blickt
So war das also damals / gestern / letzte Woche, als … Abends dachte … nochmals daran zurück, wie er heute … Er / Sie hätte nicht gedacht, dass … Er / Sie war stolz, dass er / sie … Er / Sie war traurig, dass er / sie …	Nie wieder hat der … danach … Es bleibt zu hoffen, dass seit diesem Tag … Dies war ein Ereignis, an das … und … wohl noch lange denken würden.

Aufgabe 46

Möglich wären zum Beispiel folgende Schlussformulierungen:

- Abends dachte Peter nochmals daran zurück, wie dem Angeber heute eine Lehre erteilt wurde. Außerdem war er froh, dass das Missgeschick nicht ihm selbst passiert war.
- Dies war ein Ereignis, an das Peter und der Große wohl noch lange denken würden. Jedenfalls spielten sie seit diesem Tag zusammen Basketball und keiner glaubte mehr, besser zu sein als der andere.

Aufgabe 47

a) Die Geschichte enthält einige nicht so gut gelungene Stellen:

Der „Profi"

Es war der erste Sonnentag in den großen Ferien. Endlich konnte Peter den Basketball ausprobieren, den er von seiner Tante aus Hamburg zum Geburtstag geschenkt bekommen hatte. <u>Der Ball war rot und ungefähr so groß wie eine Wassermelone</u>. <u>Er hatte auf der Seite einen schwarzen Aufkleber</u>, <u>auf dem der Firmenname stand</u>. Peter nahm den Ball mit auf den nahe gelegenen Spielplatz. Zum Glück gab es hier seit einem Jahr einen Basketballkorb.

Zu viele unwichtige Einzelheiten werden erzählt.

Peter versuchte aus verschiedenen Entfernungen Körbe zu werfen, als sich ein großer Junge zu ihm stellte, den er vorher noch nie gesehen hatte. <u>Er sah eigentlich nicht gefährlich aus</u>, war aber wirklich ein ganzes Stück größer als

Beschreibung des Jungen passt nicht zum Bild.

Peter. „Das ist ja ein schöner Ball", sagte er freundlich zu Peter. „Darf ich vielleicht bitte einmal damit werfen?", bat er flehend und fügte hinzu: „Aber nur, wenn es dir nichts ausmacht." Peter stimmte natürlich zu.

Verhalten des großen Jungen und Verhalten Peters passen nicht zu Gestik und Mimik.

Der große Junge warf dann mit dem Ball eine Scheibe kaputt. „Ha", dachte Peter, „das hast du jetzt davon, du Angeber." Der große Junge wurde knallrot im Gesicht und wusste nicht, wie er sich aus der Situation wieder retten sollte. Man hörte schon das Geschrei des Mannes, der in dem Haus mit der zerstörten Scheibe wohnte. „Sieh zu, wie du aus der Geschichte wieder herauskommst", sagte Peter. Er würde dem Mann die ganze Geschichte erzählen.

Der Höhepunkt muss spannender und ausführlicher erzählt werden.

Man darf sich keine neuen Figuren ausdenken.

So war das, als Peter seinen Basketball einweihen wollte und ein großer Junge meinte, er wäre der bessere Werfer.

b) Bei dieser Geschichte ist keine „erste Hilfe" nötig:

Der „Profi"

Es war der erste Sonnentag in den großen Ferien. Endlich konnte Peter den Basketball ausprobieren, den er von seiner Tante aus Hamburg zum Geburtstag geschenkt bekommen hatte. Peter sah seine Tante nicht oft, weil sie berufstätig war. Sein Geburtstagsgeschenk vergaß sie allerdings nie. Peter war sehr stolz auf den großen roten Ball. Er nahm ihn mit auf den Spielplatz in der Nähe, wo zum Glück seit einem Jahr ein Basketballkorb hing.

Peter versuchte gerade, aus verschiedenen Entfernungen Körbe zu werfen, als sich ein großer Junge zu ihm stellte, den er vorher noch nie gesehen hatte. Er war ein ganzes Stück größer als Peter. „Lass mich mal werfen", sagte der Große schroff, „das ist ja nicht mit anzusehen." Überheblich fuhr er fort: „Du kannst ja überhaupt nicht spielen!"

Peter war etwas eingeschüchtert und überließ dem Fremden den Ball. Sofort begann dieser hin- und herzudribbeln. Er umspielte Gegner, die er sich selbst ausgedacht hatte. Gleichzeitig kommentierte er sein Spiel wie ein Radioreporter. „Sehen Sie genau hin, meine Damen und Herren", rief er, „da spielt der große Basketballmeister ... nun nähert er sich dem Korb ... wird er den wichtigen Punkt machen?" Der Große nahm noch einmal Anlauf, sprang hoch und ... Mit lautem Klirren flog der Ball in die Fensterscheibe des angrenzenden Wohnhauses.

„Ha", dachte Peter, „das hast du jetzt davon, du Angeber!" Der große Junge wurde knallrot im Gesicht und wusste nicht, wie er sich aus der Situation wieder retten sollte. Man hörte böses Geschrei aus dem Inneren des Hauses

kommen. „Sieh zu, wie du aus der Situation wieder herauskommst", sagte Peter. Er würde den Hausbesitzern die ganze Geschichte erzählen.
So war das, als Peter seinen Basketball einweihen wollte und ein großer Junge meinte, er wäre der bessere Werfer.

Aufgabe 48 Häufig wird eine Streitsituation von verschiedenen Personen unterschiedlich erzählt. Je nachdem, auf wessen Seite der Berichtende steht, wird er das Ereignis zugunsten der einen oder anderen Person abwandeln. Auch wenn der inhaltliche Kern des Erzählten wenig verändert wird, lässt sich eine Geschichte durch unterschiedliches Beschreiben der Gefühle der Beteiligten, durch unterschiedliche Kommentare und Beurteilungen erheblich ändern. Entsprechend seinen Erfahrungen, Erwartungen und Einstellungen wird der Erzähler die Geschichte vielleicht auch anders wahrnehmen als ein anderer Beobachter.

Aufgabe 49 a) Zu dem Löwenwirt kam ein wohl gekleideter Gast. Sehr hungrig war der nicht, denn er hatte schon dem Bärenwirt einen Streich gespielt und ihn hereingelegt. „Ob ich es wohl noch einmal schaffe, einen Wirt zu betrügen?", dachte er bei sich …
Erzählform: **Er** *Erzählverhalten:* **personal**

Nur die Gedanken des Gastes sind bekannt.

b) Zu dem Löwenwirt in einem gewissen Städtchen kam ein wohl gekleideter Gast. Dem Wirt fiel sofort die teure Kleidung des Gastes auf und er erhoffte sich einen guten Lohn. Der Gast bestellte auch etwas zu essen, hatte aber nicht viel Hunger. Er hatte schon vorher den Bärenwirt um ein Essen betrogen und überlegte nun, wie er auch den Löwenwirt hereinlegen könnte.
Erzählform: **Er** *Erzählverhalten:* **allwissend**

Die Gedanken von allen Personen sind bekannt.

c) Dann trat ich beim Löwenwirt ein. Viel Hunger hatte ich ja nicht mehr, ich hatte nämlich schon vorher dem Bärenwirt einen Streich gespielt und ihn hereingelegt …
Erzählform: **Ich** *Erzählverhalten:* **personal**

Nur die Gedanken des Gastes sind bekannt.

d) Zu dem Löwenwirt eines gewissen Städtchens kam ein Gast. Er setzte sich und bestellte Essen für sein Geld. Der Wirt brachte ihm das Essen und fragte, ob er auch ein Glas Wein wolle. Der Gast erwiderte freundlich: „Gerne, wenn ich es für mein Geld bekomme." …
Erzählform: **Er** *Erzählverhalten:* **neutral**

Die Gedanken von keiner Person sind bekannt.

Aufgabe 50

Er dachte, wie er seinem Wirte einen Streich spielen und ihm auf gute Gewohnheit einen dicken Taler oder zwei aus der Tasche praktizieren könnte. Auf böse Einfälle kommt man leichter als auf gute, besonders beim Faulenzen.

2. Erzählschritt: *Der Soldat überlegt, wie er dem Bauern einen Streich spielen könnte.*

Nun sagte er zum Bauern: „Wirt, ich will dir alle Fliegen in der Stube abkaufen." Der Bauer meinte, der Soldat wolle ihn foppen, und sagte, er gebe sie ihm umsonst und er solle sie nur alle totschlagen, es geschehe ihm damit ein Gefallen. „Nein", sagte der Soldat, „umsonst will ich sie nicht, aber ich will sie gerne kaufen – sagen wir: für einen Taler." Der Bauer dachte sich: „Ist der Soldat ein Narr, so ist es gut für mein Portemonnaie", und sagte, wenn er so wolle, ihm sei's ganz recht. Der Soldat gab ihm den Taler und der Bauer stecke ihn lachend ein. Er hatte aber bald Ursache, mehr zu weinen als zu lachen.

3. Erzählschritt: *Der Soldat kauft dem Bauern die Fliegen in der Stube für einen Taler ab.*

Denn der Soldat holte jetzt seine Flinte hinter dem Ofen hervor, lud sie mit Schrot und schoss, mir nichts dir nichts, auf die Zimmerwand, wo die meisten Fliegen hockten, dass es krachte und die Fenster davon erklirrten.

4. Erzählschritt: *Der Soldat schießt in der Stube die Fliegen tot.*

„Um Himmels willen, was macht Ihr?", rief der erschrockene Bauer. „Ich schieß' die Fliegen tot, die ich Euch abgekauft habe", sagte der Soldat ganz ernsthaft, als ob sich das so von selbst verstünde – und er lud wiederum und legte nochmals an. Da fiel der Bauer ihm in die Arme und auf die Knie und bat ihn bei allen Heiligen, er solle doch sein Haus verschonen und ihn nicht unglücklich machen.

5. Erzählschritt: *Der Bauer kommt bestürzt hinzu und bittet den Soldaten aufzuhören.*

Der Soldat gab ihm zu verstehen: Solle er auf sein Recht Verzicht leisten, so müsse er Entschädigung haben und Gewinn obendrein – und er verlangte noch mal so viel, als er dem Bauern gegeben hatte.

6. Erzählschritt: *Der Soldat verlangt eine Entschädigung für „seine" Fliegen.*

Dem mochte es lieb sein oder nicht, er musste sich den Handel gefallen lassen und bezahlen, was jener wollte. Und so merkte er denn zu spät, dass der Soldat kein Narr sei, oder wenn auch ein Narr, doch zu seinem eigenen Vorteil.

7. Erzählschritt: *Der Bauer zahlt die Entschädigung.*

Schluss

Aufgabe 51 Der Bauer kennt nicht die Handlungsschritte 2 und 4.

Aufgabe 52 Wird die Geschichte aus der Sicht des Bauern erzählt, sind folgende Sätze falsch. Der Bauer kann schließlich nicht die Gedanken des Soldaten lesen:

b) Der faule Soldat wollte mir einen Streich spielen.
c) Ich kam in die Stube und erblickte den betrügerischen Soldaten auf der Ofenbank.

Aufgabe 53 Im letzten Sommer ist mir eine Geschichte passiert, die werdet ihr nicht glauben. Ich wurde nämlich ganz schön übers Ohr gehauen.

Wie ich es schon öfter getan hatte, erlaubte ich einem Soldaten, bei mir für eine Weile sein Quartier zu nehmen. Anders als seine Kameraden, die bisher bei mir wohnten, unterstützte er mich allerdings kaum bei der Arbeit auf dem Hof. Auch an diesem Tag lag er faul auf der Ofenbank und ließ den lieben Gott einen guten Mann sein. Ich ging zu ihm, weil ich ihn um Hilfe im Stall bitten wollte, doch der Soldat fragte mit einem verschmitzten Lächeln, ob er mir die Fliegen in meiner Stube abkaufen könne. Ich dachte mir nicht viel dabei und überließ sie ihm gerne, zumal er mir einen Taler dafür anbot. Ich dachte noch: „Das Geld kannst du gut gebrauchen.“

Als ich dann aber wieder im Stall war, schrak ich plötzlich zusammen. Was war geschehen? Bamm, Bamm! Lautes Knallen tönte aus meiner Stube. Ich lief schnell ins Haus zurück, weil ich dachte, es wäre etwas passiert. Ich traute meinen Augen nicht: Mit geladenem Gewehr stand der Soldat in der Küche und schoss auf die Fliegen. „Hör auf!“, schrie ich ihn an, worauf er auch sofort das Gewehr zur Seite stellte. „Gerne“, erwiderte er schmunzelnd, „da es aber doch meine Fliegen sind und ich mit ihnen eigentlich machen darf, was ich will, musst du mir eine Entschädigung bezahlen. Oder ich schieße weiter.“

Wohl oder übel musste ich nachgeben und ihm seinen eigenen Taler samt einem weiteren aus meinem Sparschwein zurückgeben.

So habe ich gelernt, dass ich mich nie wieder auf einen Handel einlassen werde, dessen Sinn mir nicht klar ist.

Aufgabe 54 Die blau markierten Teile gehören zu einer Geschichte, in der Eulenspiegel einen Kaufmann hereinlegt. Die anderen Abschnitte gehören zu einer Geschichte, in der er im Haus eines Barbiers die Fenster eintritt.

Eulenspiegel kam während seiner Reise spät abends an die Haustür eines Kaufmanns. Der Mann hatte immer Angst um sein Geld und wollte nicht gerne Gäste in seinem Hause haben. Auf Eulenspiegels Bitte, bei ihm übernachten zu dürfen, sagte er dennoch: „Kumpan, diese Nacht bleib noch hier, iss und trink dich voll, aber morgen räume mir das Haus! Ich will dich nicht länger haben." Eulenspiegel sprach: „Lieber Gott, ich tue alles, was man mir aufträgt; und doch kann ich keinen Dank verdienen. Aber gefallen Euch meine Dienste nicht, so will ich morgen nach Euern Worten das Haus räumen und wandern." „Ja, das tue nur", sprach der Kaufmann. Eulenspiegel sagte: „Ja", ging geradewegs zu dem Haus hin, trat in die hohen Fenster und ging durch die Scherben hinein. Er sagte: „Gott zur Ehr! Gott grüße das Handwerk!" Die Frau des Bartscherers saß in der Stube und spann. Sie erschrak und sprach: „Dich führt wohl der Teufel! Warum kommst du durch die Fenster? Ist dir die Tür nicht groß genug?" Eulenspiegel sagte: „Liebe Frau, zürnt mir nicht! Euer Ehemann hat mir das aufgetragen und hat mich gedingt als Geselle." Die Frau sprach: „Das ist mir ein getreuer Geselle, der seinem Meister Schaden tut." Eulenspiegel sagte: „Liebe Frau, soll ein Geselle nicht das tun, was ihm sein Meister aufträgt?" Derweilen kam der Meister und hörte und sah, was Eulenspiegel getan hatte. Da sprach er: „Wie, Geselle, konntest du nicht zur Tür hineingehen und mir meine Fenster ganz lassen? Welchen Grund hast du gehabt, dass du mir durch die Fenster hereingekommen bist?" „Lieber Meister, Ihr trugt mir auf, da hineinzugehen, wo die hohen Fenster seien; Ihr wolltet bald nachkommen. So habe ich nach Eurem Geheiß getan; aber Ihr seid mir da nicht nachgekommen, wo Ihr sagtet, dass ich vorausgehen sollte." Der Barbier schwieg still, denn er brauchte Eulenspiegel und dachte: Wenn ich mit ihm mein Geschäft verbessern kann, so will ich das hingehen lassen und ihm das von seinem Lohn abziehen. Am andern Tag stand der Kaufmann auf und sagte zu Eulenspiegel: „Iß und trink dich satt und dann trolle dich! Ich will in die Kirche gehen. Lass dich nicht wieder sehen!" Eulenspiegel schwieg. Sobald der Kaufmann aus dem Haus war, begann er zu räumen. Stühle, Tische, Bänke und was er tragen und schleppen konnte, brachte er auf die Gasse, auch Kupfer, Zinn und Wachs. Die Nachbarn wunderten sich, was daraus werden sollte, dass man alles Gut auf die Gasse brachte. Davon erfuhr der Kaufmann. Er kam schnell herbei und sprach zu Eulenspiegel: „Du braver Knecht, was tust du hier? Find ich dich noch hier?" „Ja, Junker, ich wollte erst Euren Willen erfüllen, denn Ihr trugt mir auf, das Haus zu räumen und danach zu wandern." Einmal kam Eulenspiegel nach Hamburg auf den Hopfenmarkt, blieb dort stehen und sah sich um. Da kam ein Bartscherer gegangen, der fragte ihn, woher er komme. Eulenspiegel sagte: „Ich komme von dort her." Der Meister fragte ihn: „Was bist du für ein Handwerksgeselle?" Eulenspiegel antwortete: „Ich bin, kurz gesagt, ein Barbier." Der Meister dingte ihn. Und der Bartscherer wohnte auf dem Hopfenmarkt, gerade gegenüber, wo sie standen. Das Haus hatte dort, wo die Barbierstube war, bis zum Erdboden reichende Fenster nach der Straße zu. Da sagte der Meister zu Eulenspiegel: „Sieh, das Haus gegenüber, wo die hohen Fenster sind, da geh hinein! Ich komme gleich nach." „Lass sie liegen", sagte der Kaufmann, „Gehe zum Teufel! Das alles hat zu viel gekostet, als dass man es in den Dreck werfen könnte." „Lieber Herrgott", sprach Eulenspiegel, „ist das nicht ein großes Wunder? Ich tue alles, was man mich heißet, und kann doch keinen Dank verdienen. Es ist wahr: ich bin in einer unglücklichen Stunde geboren." Damit ging Eulenspiegel von dannen und ließ den Kaufmann wieder hineinschleifen, was er ausgeräumt hatte, so dass die Nachbarn noch lange lachten.

Aufgabe 55

Beim Kaufmann	Beim Barbier
Einleitung Eulenspiegel kommt zu einem Kaufmann und darf dort übernachten.	**Einleitung** Eulenspiegel trifft auf dem Hamburger Hopfenmarkt einen Bartscherer, der ihn einstellen will.
Missverständlicher Auftrag Am Morgen soll er „das Haus räumen".	**Missverständlicher Auftrag** Eulenspiegel soll „hineingehen, wo die hohen Fenster sind".
Hauptteil Am Morgen geht der Kaufmann in die Kirche und weist Eulenspiegel auf sein Versprechen hin. Als dieser alleine ist, beginnt er „das Haus zu räumen". Der Kaufmann eilt herbei und stellt Eulenspiegel zur Rede. Eulenspiegel sagt, dass er doch nur den Auftrag ausführe.	**Hauptteil** Eulenspiegel steigt durch die hohen Fenster in die Stube. Die Frau des Barbiers macht ihm Vorwürfe, aber Eulenspiegel sagt, er habe nur den Auftrag des Meisters ausgeführt. Der Meister kommt und beschwert sich ebenfalls. Wieder sagt Eulenspiegel, er habe nur den Auftrag ausgeführt, dort hineinzugehen, wo die hohen Fenster sind.
Schluss Eulenspiegel versteht den Ärger nicht und geht. Der Kaufmann wird ausgelacht und muss alleine aufräumen.	**Schluss** Der Barbier schweigt, er braucht Eulenspiegel nämlich. Er will ihm den Schaden vom Lohn abziehen.

Aufgabe 56

Aufbau der Eulenspiegel-Geschichten
Einleitung Eulenspiegel kommt in eine Stadt. Er begegnet einem Handwerker und wird von ihm eingestellt.
Missverständlicher Auftrag Der Handwerker sagt etwas zu Eulenspiegel, aber dieser versteht es wörtlich und nicht so, wie es der Handwerker gemeint hat.
Hauptteil Eulenspiegel folgt dem Handwerker scheinbar und führt den Auftrag – so wie er ihn verstanden hat – aus. Es kommt zum Schaden für den Handwerker. Der Handwerker kommt herbei und spricht mit Eulenspiegel. Eulenspiegel stellt sich dumm und weist auf den missverständlichen Auftrag hin.
Schluss Der Handwerker wirft Eulenspiegel raus oder er zieht ihm den Schaden vom Lohn ab. Eulenspiegel zieht weiter.

Aufgabe 57

Titelvorgabe	Passender Beruf	Was soll er eigentlich machen?	Was macht er aber?
Eulenspiegel lässt die Sau raus	Landwirt	Er hat einen freien Tag und kann machen, was er will. Er kann sich gehen lassen.	Er lässt die Sau des Bauern aus dem Stall.
Eulenspiegel nimmt am 1. April einen Kunden auf den Arm	Kaufmann / Besitzer eines Lebensmittelladens	Er soll einen Scherz machen und den Kunden hereinlegen.	Er geht zu dem Kunden, packt ihn und hebt ihn hoch.
Eulenspiegel bindet am 1. April einer Kundin einen Bären auf	Pelzhändler / Spielwarenhändler	Er soll der Kundin eine Lügengeschichte erzählen.	Er bindet ihr ein Bärenfell bzw. einen riesigen Teddy auf den Rücken.

Aufgabe 58

Wie Eulenspiegel einer Kundin Honig ums Maul schmierte

Auf einer seiner Reisen kam Eulenspiegel in das schöne Städtchen Mayen, welches für seine Lebensmittelläden bekannt war. „Hier kann ich mir fürwahr einen guten Groschen verdienen“, dachte der Schelm und läutete an der Glocke des besten und angesehensten Lebensmittelladens der Stadt. „Brauchen Sie

einen Gesellen? Kann ich Ihnen vielleicht zur Hand gehen?", begann er sich sofort einzuschmeicheln, als der Meister die Tür geöffnet hatte. Jener war frohen Mutes, denn einen fleißigen Gesellen konnte er wohl brauchen. Schließlich war gerade Lukasmarkt. So nahm er Eulenspiegel in seine Dienste.
„Was gibt es hier zu tun?", fragte Till seinen neuen Herrn und blickte sich in dem gut sortierten Lebensmittelladen um. „Du hast keinen anderen Dienst, als die Kunden zu bedienen," entgegnete der Meister zufrieden. „Frage sie nach ihren Wünschen, hole ihnen die Sachen aus dem Regal und bitte sie um die Bezahlung." „Das liegt mir sehr!", antwortete Till und wollte sich an die Arbeit machen. „Ach so", ergänzte der Ladenbesitzer noch. „Wenn Lukasmarkt ist, gibt es meistens ein gutes Trinkgeld. Sei deshalb immer freundlich zu den Kunden und bediene sie zuvorkommend. Wenn eine junge Frau kommt, kannst du ihr ruhig etwas Honig um den Mund schmieren."
Bald kamen die ersten Kunden in den Laden und wurden freundlich von Eulenspiegel bedient. Der Meister war zufrieden und begab sich in das Warenlager, wo er ein wenig aufräumen wollte. Eulenspiegel bediente unterdessen ein paar kleine Jungen, die Brot haben wollten. Dann kamen einige Jugendliche, später auch Männer. Nach Mittag betrat die erste Frau den Laden und blickte sich um. Eulenspiegel begrüßte sie freundlich, ging zu einem Regal und nahm ein Glas Honig heraus. Ehe die Frau sich besann, hatte der Schelm ihr eine große Ladung des süßen, klebrigen Honigs um ihren hübschen Mund geschmiert. Die Erschrockene schrie laut auf, dass der Meister es hörte und sofort aus dem Lager herbei geeilt kam. „Was hast du getan?", schrie er den Erstaunten entsetzt an. „Was fällt dir ein, unsere Bürgermeisterin derart zu beleidigen?" Eulenspiegel tat irritiert und entschuldigte sich: „Sie hatten mir doch aufgetragen, den jungen Frauen Honig um's Maul zu schmieren! Was ist denn jetzt mit meinem Trinkgeld?"
Wutentbrannt verfluchte der Händler Eulenspiegel und schmiss ihn aus dem Laden. „Lass dich nur nie wieder in Mayen blicken...!", rief er ihm noch hinterher. „Immer tue ich, was man mich heißet und doch kann ich keinen Dank verdienen," sprach Eulenspiegel zu sich selbst und wanderte in die nächste Stadt.

Aufgabe 59 Vermutlich ausgelöst durch einen Kurzschluss an der Schaufensterbeleuchtung, brach in der Nacht von Freitag auf Samstag im Verkaufsraum eines bekannten Spielwarenladens in der Koblenzer Innenstadt ein Brand aus. Ein junges Ehepaar, das sich auf

Warum?	*Kurzschluss an der Schaufensterbeleuchtung*
Wann?	*In der Nacht von Fr. auf Sa.*
Wo?	*Im Verkaufsraum ... Innenstadt*
Was?	*Ein Brand*
Wer?	*Ein junges Ehepaar, das ... befand*

dem Nachhauseweg von einem Kinobesuch befand, kam zufällig an dem Laden vorbei und bemerkte den ungewöhnlichen Geruch. Geistesgegenwärtig suchten die beiden nach dessen Ursache und sahen die schmorende Schaufensterdekoration. Per Handy alarmierten sie die Feuerwehr, die sich durch einen Nebeneingang schnell Zugang zum Verkaufsraum verschaffen und Schlimmeres verhindern konnte. Der herbeigerufene Ladenbesitzer freute sich über sein Glück im Unglück und bedankte sich bei dem aufmerksamen Ehepaar.

Was? *Tätigkeiten des Paares*

Wer? *Feuerwehr*

Was? *Tätigkeiten Feuerwehr*

Wer? *Ladenbesitzer*

Was? *Tätigkeit Ladenbesitzer*

Aufgabe 60

1. Ich war mit meiner Frau / meinem Mann im Kino.
2. Auf dem Nachhauseweg kamen wir an dem Spielwarenladen vorbei.
3. Wir bemerkten einen ungewöhnlichen Geruch, suchten nach der Ursache.
4. Wir sahen die schmorende Schaufensterdekoration.
5. Wir alarmierten per Handy die Feuerwehr.
6. Die Feuerwehr konnte sich Zugang verschaffen und verhinderte Schlimmeres.
7. Der Ladenbesitzer kam und bedankte sich bei uns.

Aufgabe 61

- Namen: Der Spielwarenladen könnte *Teddy-Haus* heißen, der Ladenbesitzer *Herr Bär.* Beim Ehepaar passen alle Namen.
- Konkrete Einzelheiten: *Es war ein beißender scharfer Geruch – wie wenn man das Bügeleisen zu lange auf einem Hemd stehen lässt ...*
- Innere Handlung: *Ich wurde immer nervöser, schließlich geriet ich in Panik, da ich mir schon denken konnte, was die Ursache des Geruchs war. „Hoffentlich kommen keine Menschen zu Schaden", dachte ich aufgeregt.*
- Gründe für das Handeln: *Ich zögerte nicht lange und rief sofort per Handy bei der Feuerwehr an. Zufällig hatte ich am Vortag eine Dokumentation im Fernsehen gesehen, in der es auch darum ging, wie man sich in Gefahrensituationen richtig verhält.*
- Wörtliche Rede: *Der Mann fiel uns fast um den Hals. „Ich darf gar nicht daran denken, was ohne Ihre Hilfe passiert wäre", sagte er erleichtert.*

Aufgabe 62

Aufgabe 63

Glück für die Bären

An einem verregneten Samstagabend war ich mit meiner Frau im Kino. Obwohl wir den Film bereits kannten, haben wir uns die Wiederholung von „Titanic“ angesehen. Es gab leider keine Alternative. Wir wussten natürlich, wie der Film ausgehen würde, trotzdem empfanden wir ihn nochmals als spannend und kurzweilig. Auf dem Weg zum Auto kreisten unsere Gespräche und Gedanken daher noch um die Ereignisse des Kinofilms, als wir plötzlich einen starken und ungewöhnlichen Geruch bemerkten. Es war ein beißender, scharfer Geruch – wie wenn man das Bügeleisen zu lange auf einem Hemd stehen lässt. Wir befanden uns gerade in der Höhe des Spielwarenladens „Teddy-Haus“. Sofort begannen wir nach der Ursache des Geruchs zu forschen. Ich wurde immer nervöser. Schließlich geriet ich in Panik, da ich mir schon denken konnte, was die Ursache des Geruchs war. „Hoffentlich kommen keine Menschen zu Schaden“, dachte ich aufgeregt. „Was ist das?!“, rief meine Frau. Sie war dem Geruch gefolgt und hatte die schmorende Schaufensterdekoration des Spielwarenladens entdeckt. Ich zögerte nicht lange, nahm mein Handy und rief sofort bei der Feuerwehr an. Zufällig hatte ich am Vortag eine Dokumentation im Fernsehen gesehen, in der es auch darum ging, wie man sich in Gefahrensituationen richtig verhält. Es dauerte nur wenige Minuten, bis die Feuerwehr anrückte. Sie konnte sich durch eine Hintertür Zugang zum Laden verschaffen und durch ihr schnelles Eingreifen Schlimmeres verhindern. Ich war immer noch ziemlich aufgeregt und natürlich auch sehr stolz, dass ich richtig gehandelt hatte. Der Besitzer des Ladens, der inzwischen hinzugeeilt war, fiel uns fast um den Hals. „Ich darf gar nicht daran denken, was ohne Ihre Hilfe passiert wäre“, sagte er erleichtert. Seit diesem Abenteuer denken wir bei jedem Kinobesuch daran, wie wir die Bären des Teddy-Hauses gerettet haben.

Aufgabe 64 Unsachlich sind: das Durcheinander in der Reihenfolge der Informationen, der Bericht über die Schmerzen und die Ursache des Unfalls, die Beschreibung des verletzten Fußes, die Spekulation über die Verletzung.

Aufgabe 65 a) Um schnell und richtig helfen zu können, muss der Bearbeiter am Telefon wissen, welche Art von Hilfe benötigt wird: Muss ein Arzt alarmiert werden oder genügt ein Sanitäter? Wo soll der Krankenwagen hinfahren? Wie viele Menschen müssen transportiert werden?

b) Guten Tag, in der Turnhalle des Goethe-Gymnasiums hat sich ein Junge leicht verletzt. Er ist von einem Kasten gefallen und mit dem Fuß umgeknickt. Der Fuß ist bereits angeschwollen und der Junge kann nicht mehr gehen. Das Ganze passierte vor ungefähr zehn Minuten. Bitte schicken Sie einen Krankenwagen. Ich bin eine Mitschülerin des Verunglückten, mein Name ist Anna Renner.

Aufgabe 66 Version 1 wendet sich an den **Direktor.** Die ganz exakte Angabe der Daten und der Namen der Beteiligten ist erforderlich, damit dieser sie an die Versicherung weitergeben kann.
In Version 2 informiert die Sekretärin die **Eltern** des verunglückten Schülers. Man erkennt es daran, dass sie den Vorfall etwas herunterspielt. Schließlich sollen sich die Eltern keine zu großen Sorgen machen.
Version 3 ist umgangssprachlich formuliert. Die Sekretärin gibt auch ihre eigene Meinung wieder. Sie nennt den Namen des Schülers und den Zeitpunkt des Unfalls, damit der **Klassenlehrer** diese im Klassenbuch vermerken kann.

Aufgabe 67 a) Hier ist ein unnötiger Unfall passiert. Ich hab' schon die ganze Zeit gesagt, er soll nicht so schnell fahren ...

Persönliche Kommentare gehören nicht in den Bericht.

b) In der Schillerstraße ist ein etwa 9-jähriger Junge mit dem Fahrrad gestürzt ...

✓

c) ... plötzlich gibt der Fahrer Gas, hupt und ... Bamm! Mitten hinein in den Obststand ...

Spannung wird aufgebaut, wichtige Informationen fehlen.

d) Schmitt ist mein Name. In der Mitte mit einfachem „i", hinten zwei „t". Das wird immer verwechselt. Mein Vater hat schon ähnliche Erfahrungen gemacht. Dem ist es ja regelmäßig passiert, dass Briefe nicht ankamen, weil der Name nicht richtig geschrieben war ...

Die Ausführungen über die Probleme mit dem Namen sind überflüssig.

e) Es geht um einen Jungen aus meiner Klasse. Er hat sich beim Sportunterricht leicht am Fuß verletzt … ✓

f) Bitte schicken Sie einen Krankenwagen in die Münchner Straße 21. Das Haus befindet sich direkt hinter der ersten Kreuzung … ✓

g) … er hat sich dann auf einen Stuhl gesetzt, weil ihm schwindlig war. Sie sollten einen Krankenwagen herschicken. Ach ja, vorher hat er sich tief in den Finger geschnitten, das hat sehr geblutet. Morgens muss er auch diese blutverdünnenden Medikamente nehmen …

Die Reihenfolge, in der die Ereignisse erzählt werden, ist etwas verwirrend.

h) … der eine Wagen war so ein schöner Oldtimer. Ganz in Weiß mit silbernen Kotflügeln und schwarzem Faltdach. Das waren noch Autos! …

Die eigene Meinung gehört nicht in den Bericht.

i) … die beiden sind mit den Köpfen zusammengestoßen und klagen nun über Kopfschmerzen, könnten Sie bitte einen Arzt schicken … ✓

j) Wir waren etwas zu spät und mussten uns beeilen. Wissen sie, was passierte, als wir die Eingangstreppe hochliefen? Schritt für Schritt näherten wir uns dem Eingang … wir konnten es noch rechtzeitig schaffen, doch plötzlich, gerade als wir an der letzten Stufe angekommen waren, passierte es … Martin stolperte und fiel mit einem lauten Schrei die Treppe hinunter …

Spannung wird aufgebaut.

Aufgabe 68

Was	ist	wem	wann	wo	passiert?
Beim Spielen mit dem Wasserschlauch hat er Herrn Kirch ins Gesicht gespritzt.		André	kurz vor den Sommerferien	am Spülbecken des Pultes im Chemiesaal	

Aufgabe 69 Am Montag, den 18. April, wurde Christiane während der ersten großen Pause von Herrn Klein im Klassenraum der 6b eingeschlossen. Der Lehrer musste nämlich schnell weg und hat nicht gemerkt, dass noch jemand im Raum war.

Aufgabe 70

	Wer	macht was	wann	wo	warum	?
1. Informations-schritt	Christiane	bekommt mit, dass Herr Klein die Klasse zur Eile auffordert	am Ende der Stunde	im Klassen-raum	sie hört, was er sagt	
2. Informations-schritt	Christiane	sucht ihr Handy im Rucksack	als gerade die Tür ab-geschlos-sen wird	im Klassen-raum	(keine Angabe)	
3. Informations-schritt	Christiane	klopft laut gegen die Tür	als Herr Klein schon weg war	im Klassen-raum	damit man sie heraus-lässt	
4. Informations-schritt	Christiane	setzt sich auf ihren Platz und wartet	nachdem niemand öffnet	im Klassen-raum	weil ihr nichts an-deres übrig bleibt	

Aufgabe 71 *Einleitung*

Einen Streich spielten die Jungs unserer Klasse Herrn Schönhoff am ersten Abend unserer Klassenfahrt nach Mainz. Sie taten so, als seien sie aus dem Fenster ihres Schlafzimmers geklettert.

Hauptteil

Weil für 22.00 Uhr Bettruhe angeordnet war, kontrollierte unser Klassenlehrer Herr Schönhoff gegen 22.15 Uhr alle Zimmer.
Als er das Jungenzimmer betrat, fand er alle Betten leer. Er bemerkte auch sofort, dass das Fenster weit geöffnet war. Daraus folgerte der Lehrer, dass die Jungs aus dem Fenster geklettert sein mussten. Verärgert rief er nach ihnen. Erst als er ein Kichern im Schrank hörte, durchschaute er den Streich.

Aufgabe 72 Herr Schönhoff war ziemlich verwundert über seine Entdeckung. Nachdem er grinsend die Schranktür geöffnet hatte, schickte er die Jungs endgültig ins Bett.

Aufgabe 73 Also die ganze Sache passierte so rund vor einer Stunde, vielleicht auch vor einer halben. Ich weiß es nicht so genau. Die alte Frau wollte gerade über den Zebrastreifen gehen, da hört man auch schon, wie der Werner mit seiner Kiste angefahren kommt. Ich sag' schon seit Jahren, dass das Motorrad nichts taugt. Der Motor ist einfach

Ungenaue Zeitangabe

Angabe der eigenen Meinung

nicht richtig abgestimmt. Und allein schon die Farbe von dem Ding … Na ja, schnell kann der sowieso nicht damit fahren. Der kam auch ganz langsam angekrochen. Ich sag' mal, wenn man nicht genau hingeschaut hätte, hätte man gedacht, der bewegt sich gar nicht. Die Frau war auch noch gar nicht in Reichweite des Zebrastreifens. Werner ist dann ganz normal weitergefahren – da war ja niemand. Der hat auch noch genau hingeschaut und sich auf die Straße konzentriert. Und dann rannte die los und ließ sich fallen. Bevor das passiert ist, hat der Werner mir auch noch zugewunken. Ich kann mir vorstellen, dass die Alte auch noch über die Motorradfahrer geschimpft hat, die sah schon gerade so aus …

Offensichtliche Untertreibung / Unwahrheit

Unwahrheit und Widerspruch zu oben

Offensichtliche Unwahrheit

Falsche zeitliche Reihenfolge

Unsachliche Vermutung

Aufgabe 74

	Wer	macht was	wann	wo	warum
1. Informationsschritt	Der Motorradfahrer Werner Schumacher	nähert sich mit hoher Geschwindigkeit einem Zebrastreifen	gegen 19.30 Uhr	im Landweg	?
2. Informationsschritt	Schumacher	erblickt Manni am Straßenrand und winkt ihm zu	kurz bevor er den Zebrastreifen erreicht	siehe „wann"	er kennt Manni gut
3. Informationsschritt	Schumacher	achtet nicht auf die Straße und die Fußgängerin Erika B., die gerade den Zebrastreifen überqueren will	als er den Zebrastreifen überquert	siehe „wann"	er winkt seinem Bekannten
4. Informationsschritt	Schumacher	fährt Frau B. auf dem Zebrastreifen an	als er den Zebrastreifen überquert	siehe „wann"	er war zu schnell und hat nicht aufgepasst

?

Aufgabe 75 Am gestrigen Abend gegen 19.30 Uhr fuhr der Motorradfahrer Werner Schumacher auf dem Zebrastreifen im Landweg die Fußgängerin Erika B. an. Er war zu schnell und achtete nicht auf die Straße.

Werner Schumacher näherte sich gegen 19.30 Uhr mit seinem Motorrad mit hoher Geschwindigkeit dem Zebrastreifen im Landweg. Offensichtlich erblickte er, kurz bevor er den Zebrastreifen erreichte, seinen Bekannten Manni am Straßenrand. Er winkte seinem Bekannten und übersah offenbar die Fußgängerin, die sich gerade auf dem Zebrastreifen befand. Aufgrund seiner Unachtsamkeit und der noch immer zu hohen Geschwindigkeit fuhr Herr Schumacher die Frau an.
Zeugenaussagen bestätigten diesen Ablauf der Ereignisse. Es wird noch geklärt, ob Frau B. Anzeige erstatten möchte.

Aufgabe 76

- Gut, dass wir pünktlich um 11.00 Uhr ankamen, so hatten wir wenigstens etwas von dem Tag.
- Während der Domführung nach dem Essen bin ich fast eingeschlafen.
- Das Mittagessen hat mir gar nicht geschmeckt. Ich war sowieso gegen die Pizzeria.
- Also ich glaube, wir haben wirklich etwas über die Geschichte der Stadt gelernt.
- Mir hat die Stadtführung unmittelbar nach der Ankunft gut gefallen.
- Wenn wir nicht schon um 16.00 Uhr zurückgefahren wären, hätten wir unseren Spaziergang an der Mosel noch etwas ausdehnen können.
- Ich fand es blöd, dass die Fahrt ausgerechnet am 13. Juni stattgefunden hat. Ich hatte an dem Tag nämlich Geburtstag und wollte lieber zu Hause feiern.
- Habt ihr gesehen, wie schön das kurfürstliche Schloss eingerichtet war? Gut, dass es so nah am Dom lag, so mussten wir nach der Domführung nicht so weit laufen, um dorthin zu gelangen.

Am 13. Juni dieses Jahres machte die Klasse 6c des Schiller-Gymnasiums einen Ausflug nach Trier. Die Gruppe kam pünktlich um 11.00 Uhr in der Stadt an, wo sie sogleich an einer Stadtführung teilnahm. Zum Mittagessen besuchten die Schülerinnen und Schüler eine Pizzeria. Anschließend nahmen sie an einer Führung durch den Trierer Dom teil. Von dort gingen die Kinder zum nahe gelegenen kurfürstlichen Schloss, welches sie ebenfalls besichtigten. Nach einem Spaziergang an der Mosel trat man um 16.00 Uhr gemeinsam die Rückreise an.

Aufgabe 77

Am 18. Mai führte die Klasse 5c des Megina-Gymnasiums Mayen in der kleinen Turnhalle eine Lesenacht durch. Außer allen Schülerinnen und Schülern der Klasse waren die Klassenlehrerin Frau Kamps und die Mutter von Lena Schwarz anwesend. Um 18.30 Uhr wurde mit der Vorbereitung des Raumes begonnen, indem weiche Matten im Kreis auf den Boden gelegt wurden. Eine

halbe Stunde später nahm die Klasse ein gemeinsames Abendessen zu sich. Es gab selbst gemachte Pizza. Danach – gegen 20.15 Uhr – begann die Lesenacht. Alle Schülerinnen und Schüler lagen auf den Sportmatten und blickten mit den Gesichtern zur Mitte. Bis 21.30 Uhr wurden – unterbrochen durch kurze Pausen – reihum einige Kapitel aus dem Buch „Die Insel der blauen Delphine" vorgelesen. Ergänzt wurde diese Lesung zwischen 21.30 Uhr und 22.00 Uhr durch die Vorführung einiger Dias zum Leben der Indianer. Nach einer halbstündigen Pause zwischen 22.00 Uhr und 22.30 Uhr lasen Frau Kamps und Frau Schwarz noch zwei Gruselgeschichten vor. Danach schliefen die Schülerinnen und Schüler allmählich ein.
Im Nachhinein kann man sagen, dass die Lesenacht allen Beteiligten gut gefallen hat.

Aufgabe 78

a)
1. Beseitigen der alten Pflanzen
2. Auflockern des Bodens mit einer Harke
3. Vermischen des Bodens mit Blumenerde
4. Verteilen der Blumenerde mit einem Rechen
5. Vorbereitung von Löchern im Boden mithilfe eines Setzeisens
6. Anfüllen der Löcher mit etwas Blumenerde
7. Hineinstecken der Pflänzchen in die Löcher
8. Andrücken der Pflänzchen mit dem Handrücken
9. Wässern des neu bepflanzten Beetes mit der Handbrause

b) Schubkarre, Harke, Hacke, Rechen, Setzeisen, Blumenerde, Gartenbrause

c) bepflanzen, beseitigen, ziehen, werfen, zeigen, umgehen, herunterdrücken, auflockern, nachhelfen, mischen, verteilen, finden, glatt streichen, stechen, geben, hineinstecken, andrücken, einsetzen, dürfen, wässern

d) Sorgfältiges Vorbereiten und viel Handarbeit waren bei der Neubepflanzung eines Blumenbeetes auf dem Bauernhof meiner Großeltern erforderlich.
Da das Bepflanzen eines Blumenbeetes viel Zeit in Anspruch nimmt, begannen wir gleich morgens mit der Arbeit. Zunächst mussten wir das Beet für die Neubepflanzung vorbereiten, indem wir die alten Pflanzen herauszogen und mithilfe einer Schubkarre entsorgten. Anschließend wurden Harken benutzt, um den Boden aufzulockern. Das darauf folgende Durchmischen des aufgelockerten Bodens mit einem Sack Blumenerde diente dazu, den neuen Pflänzchen genügend Nährstoffe zur Verfügung zu stellen. Schließlich strichen wir die vorbereitete Erde glatt und pflanzten die neuen Blumen mithilfe eines Setzeisens ein. Hierbei gaben wir jeweils etwas

Blumenerde in die Setzlöcher. Die Pflänzchen wurden mit dem Handrücken leicht angedrückt. Abschließend wurde das ganze Beet noch gründlich gegossen.

Wir führten alle Arbeitsschritte sorgfältig aus und freuten uns natürlich schon auf die Zeit, in der die Blumen blühen würden.

Aufgabe 79

a) … wir **reinigten/putzten/misteten** den Stall …
b) … **warfen** das alte Stroh auf den Misthaufen … / **entsorgten** …
c) … **spritzten** den Boden mit dem Schlauch **ab** …
d) … **breiteten** frisches Stroh auf dem Boden **aus** …
e) … **glätteten** es mit unseren Füßen …
f) … **öffneten** die Tür zum anderen Stall …

Aufgabe 80

a) Spannungsprüfer
b) Zaumzeug
c) Bullauge
d) Skalpell
e) implizite Hinweise
f) Inhaliergerät
g) Solarium
h) Geodreieck
i) Sirene
j) Köcher

Aufgabe 81

Die Klasse 6e wird zwischen 11.00 Uhr und voraussichtlich 11.45 Uhr eine Modenschau auf der Bühne der Turnhalle vorführen. Carina wird zunächst erklären, was passieren wird. Anschließend werden einige Schüler, die als Lehrer verkleidet sind, auftreten. Das Publikum soll jeweils raten, um wen es sich bei den Dargestellten handelt. Alle Zuschauer, die eine Vermutung haben, können sich melden und werden von Carina aufgerufen. Wenn jemand richtig geraten hat, bekommt er einen Preis. Die Modenschau soll aus acht Raterunden bestehen, sodass die Bühne um 11.45 Uhr wieder frei sein wird.

Aufgaben 82, 83

Hier gibt es keine Musterlösung.

Aufgabe 84

Oberbegriff	Eigenschaften
Farbe	außen hellblau, gelber Reißverschluss, orange-gelber Aufnäher
Größe	ungefähr 20 × 10 cm groß, ungefähr 4 cm dick
Funktionen	aufklappbar; Platz für 8 Buntstifte, einen Radiergummi, einen Spitzer, einen Füller und ein Lineal
Besonderheiten	innen ein Papierstreifen, auf den ein Kalender gedruckt ist; auf der Außenseite mit Sprüchen und Namen bekritzelt

Aufgabe 85 Seit Samstag, den 3. Juni , vermisse ich ein Halstuch, genauer gesagt, ein Kinderhalstuch. Wir feierten an diesem Tag den Geburtstag meiner Schwester und spielten in der Nähe des Sportplatzes. Als wir zu Hause weggingen, hatte ich das Tuch ganz sicher noch. Ich habe es im letzten Jahr von Oma zu Ostern bekommen und ziehe es gerne an. Deshalb hoffe ich, dass ich es mithilfe meiner Beschreibung wiederbekommen werde.
Das Halstuch sieht folgendermaßen aus: …

Die unterstrichenen Stellen sind überflüssig, weil sie keine Informationen enthalten, die das Auffinden des Tuches erleichtern.

Aufgabe 86 Achte darauf, zunächst das Auffällige und „Große" zu beschreiben und dann schrittweise auf nebensächliche Dinge und Details einzugehen.

a) Gitarre – hellbraunes Corpus – schwarz verziertes Schallloch – 6 Saiten – 3 Saiten aus Kunststoff – 3 Saiten aus Metall – dunkelbraunes Griffbrett – goldene Bundmarkierungen – weiße Saitenspanner

b) Handy – 10 cm lang – 5 cm breit – unteres Ende eckig – oberes Ende abgerundet – silberne Schale – blaue Streifen – silberne Tasten – kleine schwarze Zahlen auf den Tasten

c) Schuh – Damenhalbschuh – schwarzes Leder – schwarze Schnürsenkel – abgelaufene Absätze

Aufgabe 87

Objektive Aussagen	Subjektive Aussagen
Das Wasser ist rund 26 Grad Celsius warm. Ich fahre genau 130 km/h. Das Paket wiegt 40 kg.	Das Wasser ist mir heute zu kalt. Du fährst mal wieder viel zu schnell. Das Paket ist zu schwer für dich.

Aufgabe 88

a) *Hyperbel:* Übertreibung des Ausdrucks
b) *Philologe:* Sprach- und Literaturforscher
c) *Kodex:* Handschriftensammlung, Gesetzbuch
d) *Bodyguard:* Leibwächter
e) *Patella:* Kniescheibe
f) *Demokratie:* Volksherrschaft
g) *Wankelmotor:* Rotationskolbenmotor, benannt nach dem deutschen Ingenieur und Erfinder Felix Wankel
h) *Feuilleton:* kultureller Teil einer Zeitung
i) *Kipplore:* Wagen mit kippbarem Wagenkasten aus dem Bergbau

Aufgabe 89

Aufgabe 90 a) *Reifen:* Gummi
b) *Karosserie:* Metall
c) *Sitze:* Leder und Stoff
d) *Scheiben:* Glas
e) *Blinker:* Plastik
f) *Felgen:* Aluminium
g) *Tür- und Dachisolierung:* Kunststoffschaum

Aufgabe 91 feuerrot, leuchtend rot, feuerwehrrot, hellrot, dunkelrot, rostrot, fuchsrot, blutrot, krebsrot, knallrot, kupferrot, purpurrot, rosenrot, rubinrot, weinrot, …

Aufgabe 92 Zum Beispiel:

- Rückengurte: schwarzer, geriffelter Stoff
- Tragegriff: schwarzer, stabiler Kunststoff
- Gesamtmaterial: robuster, leichter, grauer Stoff
- Verzierungen: signalfarbener Kunststoff
- Reißverschlüsse: weißer Kunststoff
- Bändchen an den Reißverschlüssen: geflochtener, 5 cm langer Faden
- Seitentaschen: grauer, reißfester Stoff

Aufgabe 93 Mein tragbarer CD-Player hat ein silbernes Gehäuse. Oben weist er eine Klappe auf, in welche man CDs hineinlegen kann, vorne befindet sich ein Kassettenfach. Außerdem gehören zwei Boxen zu dem **Gerät**, die jeweils an der linken und an der rechten Seite befestigt sind. Um einen guten Empfang für das zusätzlich eingebaute Radio zu ermöglichen, besitzt der CD-Player eine Radio-Antenne. Mit den **Knöpfen an der Oberseite** lässt sich zum Beispiel die Lautstärke regulieren.

Personalpronomen
Attributsätze/Relativsätze
abwechslungsreiche Verben
Umschreibungen/abwechslungsreiche Nomen

Aufgabe 94 … So sieht also mein Lieblingsfüller aus. Falls du ihn irgendwo gesehen hast, teile es mir doch bitte mit.

Vielen Dank,
Marius Zünberg, Klasse 5a

Aufgabe 95 a) Die Beschreibung enthält einige nicht so gut gelungene Stellen:

Wo ist mein Rucksack?
Hat jemand meinen Rucksack gesehen? Ich habe ihn gestern, also am 2. 6., in der Turnhalle vergessen. Er sieht folgendermaßen aus:
An der kleinen Tasche vorne hat er einen unauffälligen Reißverschluss. Das Hauptfach des Rucksacks ist ungefähr 70 cm hoch, 30 cm breit und 25 cm tief. Das ist genau die richtige Größe für einen Rucksack, wie ich finde. Nur donnerstags passen nicht alle Schulbücher hinein, weil wir oft den Atlas mitnehmen müssen. An der Seite dieses Hauptfachs sind noch so kleine Dinger, in die man Stifte hineintun kann. Sie sind so breit wie die Seitenteile des Rucksacks und ungefähr ein Drittel so hoch. Man kann sie oben verschließen, indem man eine Stofflasche nach unten klappt. So sind ihre Inhalte vor Regen und Diebstahl geschützt. Wie gesagt, hat der Rucksack auch vorne eine kleine Tasche, in die ich oft das Lineal hineintue, das ich schon seit dem ersten Schuljahr habe. Verschlossen wird der mittlere Teil des Rucksacks – also das Hauptfach –, indem man eine große Lasche nach vorne klappt. Die Seitenteile sind oben extra derart abgerundet, dass man diesen Stoffdeckel darüberlegen kann. Zur Verzierung oder

Unwichtige Details am Anfang der Beschreibung
Eigene Meinung
Überflüssige Bemerkung
Fehlender Einsatz von Fachbegriffen
Verwirrende Reihenfolge
Unpräzises Verb
Überflüssige Bemerkung
Ungünstige Reihenfolge: das Hauptfach wurde oben schon genannt

zur Verstärkung des Deckels sind zwei Bänder parallel darübergeführt. Sie bestehen aus demselben Material wie die Tragegurte. Am Ende der Bänder sind zwei leuchtend orange Plastikschnallen befestigt, mit denen man den Deckel verschließen kann. Man muss die Schnallen dazu in zwei passende Ösen am Vorderteil des Rucksacks tun.
Die Tragegurte sind aus demselben Material wie die Bänder. Oben am Deckel des Rucksacks ist zwischen den Tragegurten noch irgendwie so eine Art Schlaufe. Die soll wohl dafür gedacht sein, dass man den Rucksack mit einer Hand tragen oder an einen Haken aufhängen kann.
So sieht mein Rucksack aus. Wenn ihr ihn irgendwo gesehen habt, meldet euch doch bei Hans Becker, Klasse 5 e.

Satzbau und Verbverwendung zu wenig abwechslungsreich

Unpräzises Verb

Ungenaue Verwendung eines (Fach-)Begriffs

b) Bei dieser Beschreibung ist keine „erste Hilfe" nötig:

Wo ist mein Rucksack?
Hat jemand meinen Rucksack gesehen? Ich habe ihn gestern, also am 2.6., in der Turnhalle vergessen. Er sieht folgendermaßen aus:
Insgesamt besteht er aus einem robusten, leichten Stoff. Seine Grundfarbe ist grau. Er setzt sich zusammen aus einem großen, einem mittleren und einem kleinen Fach, die jeweils mit einem Reißverschluss verschlossen werden können. Zusätzlich zu den drei Hauptfächern befinden sich an beiden Seiten kleine Taschen, die ebenfalls aus grauem, reißfestem Stoff gefertigt sind. Der Rucksack hat eine Höhe von 45 cm und eine Breite von etwa 30 cm. Die Tiefe des Hauptfachs beträgt rund 20 cm.
Die drei weißen Reißverschlüsse sind jeweils mit zwei Griffen versehen und können von beiden Seiten betätigt werden. An den sechs Reißverschlussgriffen hängt jeweils ein geflochtenes, ca. 5 cm langes Zierbändchen. Entlang der Reißverschlüsse sind das große und das mittlere Fach mit circa 3 cm breiten Verzierungen aus signalfarbenem Kunststoff umsäumt.
Der Rucksack ist ausgestattet mit zwei Rückengurten aus schwarzem, geriffeltem Stoff. Ein zusätzlicher Tragegriff befindet sich oben am größten Fach, er besteht aus schwarzem, stabilem Kunststoff.
Damit ist mein Rucksack ziemlich exakt beschrieben. Was sich in ihm befindet, will ich lieber nicht verraten. Ich hoffe, jemand hat meinen Rucksack gesehen und meldet sich bei mir.

Hans Becker, Klasse 5e

Aufgabe 96

1. Undichte Stelle im Wasserbad herausfinden;
   Loch im Fahrradschlauch mit weißer Kreide markieren;
2. Markierte Stelle mit Sandpapier anschleifen
3. Gummilösungsmittel dünn auftragen und verstreichen
4. Fünf Minuten abwarten
5. Schutzfolie des Fahrradflickens abziehen
6. Fahrradflicken auf das Loch kleben und andrücken

Aufgabe 97

Zum Beispiel:

Lieber Radfahrer, brauchen Sie Hilfe bei einem „Plattfuß"? Mithilfe dieser Reparaturanleitung können Sie das Problem schnell beheben. Sie brauchen ...

Aufgabe 98

a) Derselbe Arbeitsschritt in den verschiedenen Anredeformen:
- **Sie** schleifen die markierte Stelle mit Sandpapier an. /
  Sie müssen die markierte Stelle mit Sandpapier anschleifen.
- **Du** schleifst die markierte Stelle mit Sandpapier an. /
  Du musst die markierte Stelle mit Sandpapier anschleifen.
- **Man** schleift die markierte Stelle mit Sandpapier an. /
  Man muss die markierte Stelle mit Sandpapier anschleifen.
- Schleife die defekte Stelle mit Sandpapier an. /
  Schleifen Sie die defekte Stelle mit Sandpapier an. /
  Man schleife die defekte Stelle mit Sandpapier an. **(Imperativ)**
- Die markierte Stelle wird mit Sandpapier angeschliffen. **(Passiv)**

b) Die weiteren Arbeitsschritte in der *man*-Form:
- Man trägt das Gummilösungsmittel dünn auf und verstreicht es.
- Man wartet fünf Minuten ab.
- Man zieht die Schutzfolie des Fahrradflickens ab.
- Man klebt den Flicken auf das Loch und drückt ihn an.

Aufgabe 99

Zur Kennzeichnung des Anfangs	Zur Überleitung in der Mitte	Zur Kennzeichnung des Schlusses
zunächst, zu Beginn, als Erstes, am Anfang	währenddessen, vorher, sofort, schließlich, endlich, davor, hat man dies erledigt, nachdem, hiernach, sodann, bevor, zwischendurch, gleichzeitig, danach	schließlich, endlich, zuletzt, am Schluss

Aufgabe 100 Mögliche Ergänzungen (in der Reihenfolge der Lücken):

siebt – drückt – verschlagen – gießt – verrührt – gibt – ruhen – erhitzt – verteilt – wendet – backt – verfährt

Aufgabe 101

1. Zunächst verschlägt man 6 Eier, etwas Milch, Salz, Pfeffer und Muskatnuss,
   b) sodass eine einheitliche flüssige Masse entsteht.
2. Dann zerlässt man etwas Butter in einer Pfanne,
   f) bis der Pfannenboden dünn von dem verflüssigten Fett überdeckt ist.
3. Hier gibt man die Eiermilch hinein,
   a) damit sie sich mit der heißen, flüssigen Butter vermischt.
4. Sobald die Masse zu stocken beginnt, löst man sie mit einem Pfannenwender vom Pfannenboden,
   d) damit sie nicht anbrennt.
5. Die Masse wird so lange gerührt,
   c) bis keine Flüssigkeit mehr vorhanden ist.
6. Das Rührei wird mit Schnittlauch bestreut,
   e) womit es schließlich servierfertig ist.

Aufgabe 102

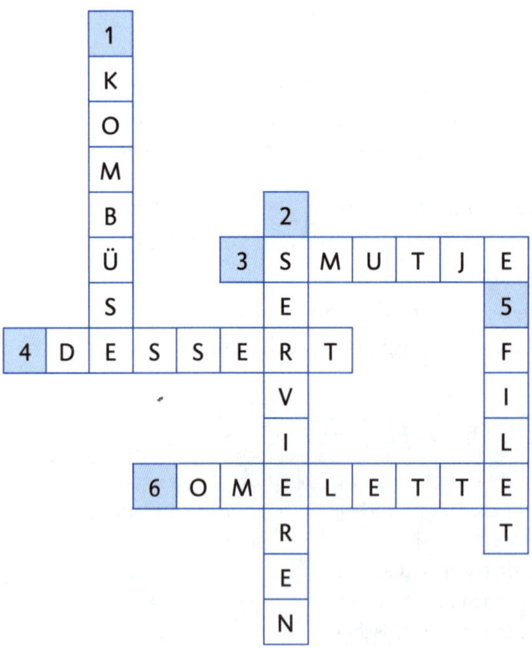

Aufgabe 103
a) Die Schublade wird aus den Seitenteilen und dem Boden zusammengeklebt.
b) Der Griff wird vorne an die Schublade geklebt.
c) Die Führungsschiene für die Schublade wird an der gekennzeichneten Stelle montiert.

Aufgabe 104
a) Man benötigt: 250 g Weizenmehl, 4 Eier, etwas Zucker, Salz, 375 ml Milch, 125 ml Mineralwasser, etwas Öl
b) Serviervorschlag: Die Pfannkuchen können dünn mit Zimt und Zucker bestreut und anschließend serviert werden. Am besten schmecken sie, wenn sie noch heiß sind.

Aufgabe 105 Schere, Hammer, Klebstoff, Locher, Pappe, Lineal, Cut-Messer

Aufgabe 106 Im folgenden Text sind fehlerhafte Stellen schwarz unterstrichen, gut gelungene Stellen blau gerastert:

In den Tier- und Freizeitpark? Na, da haben Sie ja noch eine schöne Strecke vor sich. Hier sind Sie nämlich völlig falsch. Nun ja! Am besten wenden Sie am Ende dieser Straße und fahren bis zum Bahnübergang zurück. Das sind von hier aus etwa 500 Meter. Überqueren Sie den Bahnübergang und biegen Sie direkt dahinter wieder rechts ab. Sie sehen dann links ein paar Gärten mit Obstbäumen. Der mittlere gehört mir. Schauen Sie sich mal an, wie viele Blüten der Apfelbaum hat. Ich glaub', in diesem Jahr gibt es eine gute Apfelernte.
Wenn Sie dann abgebogen sind, fahren Sie ein gutes Stück – etwa zwei Kilometer – weiter aus dem Ort heraus, bis Sie an eine Unterführung auf der rechten Seite kommen. Vorher müssen Sie aber darauf achten, in den Kreisel am Ortsausgang zu fahren. An der ersten Ausfahrt müssen Sie sofort wieder heraus. Dieser Kreisel ist auch wieder so ein Schildbürgerstreich des Gemeinderates, da gab es viel Ärger …
Na ja, dann unter der Unterführung durch und die schmale Straße den Berg hoch. Direkt hinter der alten Scheune vom Bürgermeister müssen Sie nochmals links abbiegen, dann sind Sie schon fast da. Es kann aber auch sein, dass die Straße gar nicht für Busse zugelassen ist … Äh, wo wollten Sie nochmal hin?

Überflüssige Information
Gute Richtungs- und Zielangaben
Gute Angabe von Geländemerkmalen
Überflüssige Information
Gute Richtungs-, Entfernungs- und Zielangabe
Falsche zeitliche Reihenfolge
Überflüssige Information
Gute Richtungs- und Zielangabe
Wissensstand des Fragenden nicht berücksichtigt
Unbrauchbare Information

Aufgabe 107 **Ein umweltfreundlicher Becher**

Zunächst faltet man ein quadratisches Blatt Papier entlang einer der Diagonalen, sodass eine Dreiecksfigur entsteht. Diese dreht man so, dass die lange Seite unten liegt. Nun faltet man die linke Ecke so, dass sie die gegenüberliegende Seite berührt. Dabei muss die Oberkante der Lasche parallel zur langen Seite des Dreiecks verlaufen. Diesen Schritt wiederholt man mit der rechten Ecke. Die neu entstandene Figur bildet ein unregelmäßiges Fünfeck, dessen obere Ecke aus zwei Flügeln besteht. Den oben liegenden Flügel faltet man über die Laschenoberkanten nach vorne. Anschließend dreht man die Figur um und faltet den verbleibenden Flügel entlang derselben Kante nach vorne. Die entstandene trapezförmige Figur zieht man an den oberen Falzkanten auseinander, bis sie einen Becher formt.

Aufgabe 108 **Die verzauberte Banane**

Um den Zaubertrick durchführen zu können, benötigst du eine reife Banane und eine mittellange, dünne Nähnadel.

Vorbereitet wird der Trick folgendermaßen: Nimm die Banane und stich mit der Nadel in sie hinein. Schiebe die Nadel vorsichtig in der Bananenschale hin und her, bis du das Gefühl hast, die Banane ist an dieser Stelle durchgeschnitten. Wiederhole diesen Vorgang an 3 bis 4 weiteren Stellen. Die durchschnittenen Stellen sollten rund 3 cm auseinander liegen.

Wenn du dein Publikum nun mit diesem Trick verblüffen willst, stelle dich auf die Bühne und halte zunächst die Banane hoch. Zeige sie von allen Seiten, so dass das Publikum sich von der Echtheit und der Unversehrtheit der Banane überzeugen kann. Sprich zur Ablenkung einen Zauberspruch und berühre die Banane an mehreren Stellen mit dem Zauberstab. Dann schälst du die Banane ganz normal vor den Augen des Publikums und ... Sie wird in der Schale zerschnitten sein!

Aufgabe 109

a) Mögliche Oberbegriffe für die Beschreibung des **Aussehens** einer Person: *Alter, Größe, Gewicht, Haarfarbe und -länge, Augenfarbe.*
Wichtige Informationen sind darüber hinaus der *Name* und der *Wohnort.*

b) In Bezug auf ihren **Charakter** bzw. ihre **Persönlichkeit** spricht Jana an: *Hobbys/Interessen, Berufsziel, Einstellung zur Schule*

Aufgabe 110 *Haare:* blond, braun, dick, dünn, kurz, lang, offen, schulterlang, schwarz
Augen: braun, groß, hellblau, klein, rund, schmal, schwarz
Nase: breit, gebogen, gerade, groß, klein, krumm, kurz, lang, rund, schmal, spitz, zierlich
Mund: breit, groß, klein, schmal, wulstig
Ohren: abstehend, angelegt, groß, klein, spitz
Hals: breit, dick, dünn, fett, gerade, krumm, kurz, lang, schmal, zierlich
Schultern: breit, durchtrainiert, gerade, krumm, zierlich
Arme: dick, dünn, durchtrainiert, fett, kurz, lang, wulstig, zierlich
Bauch: dick, dünn, durchtrainiert, fett, groß, rund, schmal, zierlich
Beine: dick, dünn, durchtrainiert, fett, gebogen, gerade, krumm, kurz, lang, schmal, zierlich
Füße: breit, groß, klein, schmal, spitz, zierlich

ben 111, 112 Hier gibt es keine Musterlösung.

Aufgabe 113 A: Herr Doktor von Max
B: Ganoven-Maxe
C: Der Rentner Herr Max

Aufgabe 114
a) *Partnersuche:* Unterhaltungswert, Schlafgewohnheiten, Essgewohnheiten und Freizeitbeschäftigung (oder allgemein: Tagesablauf), Abneigungen und Hobbys, Geselligkeit, Verhältnis zu Tieren
b) *Steckbrief bei der Verbrechersuche:* Intelligenz, Fingerfertigkeit, Durchsetzungsvermögen, Einstellung zur Gewalt
c) *Arbeitszeugnis:* Qualifikationsbereiche, Umgang mit neuen Aufgaben, Arbeitshaltung, Wirkung auf andere Menschen, Führungsqualitäten, Durchsetzungsvermögen, Charakter

Aufgabe 115 Hier gibt es keine Musterlösung.

Aufgabe 116 a) Du kannst folgende Markierungen vornehmen:

Ich erinnere mich lebhaft an den Tag, an dem das Alëuterschiff kam. Erst sah es aus wie eine kleine Muschel, die auf dem Meer dahintreibt. Dann begann sie zu wachsen und wurde zu einer Möwe mit gefalteten Flügeln. Zuletzt, als die Sonne aufging, erkannte ich, was es wirklich war – ein Schiff mit roten Segeln! Mein Bruder und ich waren auf einen Hügel gestiegen; unter uns lag eine Schlucht, die sich bis zu einem kleinen Hafen hinunterschlängelt. Dort liegt die Korallenbucht. Mein Bruder und ich wollten auf der Anhöhe nach Wurzeln graben. Im Frühjahr findet man dort immer welche. Mein Bruder war noch klein, halb so alt wie ich, und ich zählte damals zwölf Jahre. Gemessen an den vielen Sonnen und Monden, die er gesehen hatte, war Ramo klein, doch flink wie eine Grille, aber auch ebenso töricht, wenn er in Aufregung geriet. Darum sagte ich ihm nichts von der Muschel und der Möwe mit den gefalteten Flügeln, die ich entdeckt hatte, denn er sollte mir beim Wurzelsammeln helfen und nicht davonlaufen. Ich stocherte weiter mit meinem spitzen Stock, als wäre auf dem Meer nicht das Geringste zu sehen.

Er ist klein und 6 Jahre alt.

Er ist klein, flink und manchmal töricht.

Er lässt sich leicht von der Arbeit ablenken.

Selbst als ich sicher wusste, dass die Möwe ein großes fremdes Schiff war, grub ich weiter im Gestrüpp.

Doch Ramos Augen entgingen wenige Dinge auf dieser Welt. Sie waren schwarz und groß wie die Augen einer Eidechse und sie konnten genauso schläfrig blicken; aber gerade dann nahmen sie alles am besten wahr. Die Augen halb geschlossen, schaute er jetzt blinzelnd aufs Meer hinaus wie eine Eidechse, bevor sie die Zunge herausschnellt um nach einer Fliege zu schnappen.

Er ist aufmerksam.

Er hat große, schwarze Augen, die auch schläfrig blicken können.

„Das Meer ist glatt", sagte Ramo, „wie ein flacher Stein, der keinen einzigen Kratzer hat."

Mein Bruder redete gerne so, als wäre etwas nicht das, was es war, sondern etwas anderes.

Er benennt Dinge gerne anders als üblich.

„Das Meer ist kein Stein, der keinen Kratzer hat", sagte ich. „Es ist Wasser, das keine Wellen schlägt."

„Für mich ist es ein blauer Stein", sagte er. „Und ganz außen am Rand des Steins sitzt eine kleine Wolke."

„Wolken sitzen nicht auf Steinen. Nicht auf blauen und nicht auf schwarzen und nicht auf irgendwelchen Steinen."
„Dort sitzt aber eine."

Er ist hartnäckig.

„Nicht auf dem Meer", antwortete ich. „Dort gibt es Delphine, Möwen, Kormorane und Seeotter, auch Walfische, aber keine Wolken."
„Vielleicht ist es ein Walfisch."
Ramo trat von einem Fuß auf den anderen, während er zuschaute, wie das Schiff näher kam. Er wusste nicht, dass es ein Schiff war, denn er hatte noch nie eines gesehen. Auch ich hatte noch nie eines gesehen, aber ich wusste, wie Schiffe aussahen, weil mein Vater sie mir beschrieben hatte. (…)

Er ist aufgeregt, wenn ihm etwas Neues begegnet.

Er kennt viele Dinge noch nicht.

b) Ramo ist ein kleiner Junge von 6 Jahren, der mit seiner Schwester auf einer Insel lebt. Er ist klein, flink und manchmal töricht. Leicht lässt er sich von der Arbeit ablenken, was damit zusammenhängen könnte, dass er sehr aufmerksam ist. Seinen großen, schwarzen Augen entgeht nämlich nichts. Allerdings können diese Augen auch schläfrig blicken. Gerne benennt der Kleine Dinge, die er sieht, mit falschen Begriffen, wovon seine Schwester oft genervt ist – zumal Ramo auch recht hartnäckig ist, wenn er seine Meinung durchsetzen will. Viele Dinge kennt der Junge noch nicht, daher ist er meist sehr aufgeregt, wenn ihm etwas Neues und Unbekanntes begegnet.

Aufgabe 117 Zum Beispiel:

	Esel	Hund	Katze	Hahn
Körperhöhe	ca. 1,50 m	ca. 45 cm	ca. 25 cm	ca. 25 cm
Länge	ca. 200 cm	ca. 80 cm	ca. 30 cm	ca. 30 cm
Gewicht	ca. 350 kg	ca. 20 kg	ca. 5 kg	ca. 4 kg
Anzahl der Beine	vier	vier	vier	zwei
Körperbehaarung	Fell	Fell	Fell	Federn
Ohren	lang	mittellang, hängend	kurz, spitz	Ohrscheiben
Schwanz	lang, dünn, mit Quaste	mittellang, kräftig	lang, dünn	aus bunten, sichelförmigen Federn
Farbe	grau-weiß	z.B. schwarz	z.B. getigert	bunt

Aufgabe 118 *Behaarung:* Fell, Borsten, Pelz, Mähne, Wolle, Bast
Mund: Maul, Schnabel, Schnauze
Nase: Riecher, Nüstern, Kiemen, Rüssel
Ohr: Löffel, Lauscher
Hand: Flosse, Klaue, Pranke, Tatze
Flügel: Fittich, Schwinge
Fuß/Bein: Lauf, Haxe, Huf, Pfote, Strampel
Schwanz: Besen, Blume, Fächer, Rute, Schweif, Wedel, Quaste

Aufgabe 119 Der Wildesel lebt in den kargen, bergigen Steinwüsten Nordafrikas. Er ernährt sich von Disteln und hartem Gras. Auffällig ist, dass dieses Tier mehrere Tage ohne Wasser auskommen kann. Man geht davon aus, dass die Esel seit 4 000 vor Christi Geburt bereits von den Menschen gezähmt und als Reit- und Lasttiere benutzt worden sind. Heute kennt man vor allem den Hausesel. Ihn findet man in Europa, Asien, Nordafrika und Südamerika.

Aufgabe 120 Esel sind ca. 1,50 m groß und 2 m lang. Sie können ein Gewicht von rund 350 kg erreichen. Esel haben vier Beine und ein grau-weißes Fell. Am Ende ihres langen, dünnen Schwanzes befindet sich eine Quaste. Ein besonderes Merkmal des Esels sind seine langen Ohren.

Aufgabe 121 a) Du kannst folgende Markierungen vornehmen:

Vom Löwen und dem Hasen

Der Löwe ist …

Auf dem Berge Mandara hauste ein Löwe namens Durganta. Da dieser unaufhörlich viele Tiere fraß, vereinigten sich diese und traten vor den Löwen, um ihm einen Vorschlag zu machen. Damit der Löwe nicht wahllos alle Tiere ausrotte, wollten sie ihm selbst täglich eines zur Nahrung bringen. Der Löwe willigte ein und sie brachten ihm täglich ein Tier. Dabei fiel die Wahl auch auf einen alten Hasen. *(gierig, gefräßig; kompromissbereit)*

Dieser näherte sich nur langsam dem schon wieder hungrigen Löwen. Der Löwe sah dieser langsamen Annäherung nicht lange zu und brüllte: „Alter, warum kommst du so schleppend hergegangen?“ „Das ist nicht meine Schuld“, sagte der Hase, „auf dem Weg wurde ich von einem anderen Löwen kräftig gepackt, und nachdem ich ihm geschworen hatte, wiederzukommen, bin ich nur hierher *(unersättlich; ungeduldig, jähzornig, laut, beleidigend)*

gekommen, um dich davon zu benachrichtigen." „Komm sofort", sagte der Löwe, „und zeig mir, wo der schändliche andere Löwe ist." Der Hase nahm den Stolzen mit sich fort und ging zu einem tiefen Brunnen. Als sie dorthin gelangt waren, zeigte er dem Löwen sein eigenes Spiegelbild im Wasser und sagte: „Sieh, Herr, da ist er." Aufgeblasen vor Stolz warf sich der Löwe zornig in den Brunnen und ertrank.
Siehe, ein wütender Löwe wurde von einem alten Hasen überlistet.

ungeduldig, befehlend

stolz

eitel, arrogant, zornig, unvorsichtig, dumm

b) Der Löwe wird beschrieben als ein gieriges und gefräßiges Tier. Er ist angesichts der Vorschläge der anderen Tiere zwar zunächst kompromissbereit, zeigt sich im Verlauf der Fabel aber immer wieder als unersättlich, ungeduldig, jähzornig und laut. Den anderen gegenüber tritt er auch sehr beleidigend auf. Dass er ungeduldig, befehlend, stolz, eitel und arrogant ist, äußert sich auch in seinem Umgang mit dem alten Hasen. Zum Verhängnis werden ihm diese negativen Eigenschaften allerdings dadurch, dass er ausgesprochen unvorsichtig und dumm ist.

c) Der Hase ist schon sehr alt. Er bewegt sich nur noch langsam, sein Gang ist schleppend. Beim Reden ist der alte Hase unaufgeregt. Er bemüht sich um Erklärungen seines Verhaltens, was auch beschwichtigend wirkt. Selbst in brenzligen Situationen bleibt er ruhig. Hinter all diesen Eigenschaften steckt aber auch eine große Cleverness und Gewitztheit, vielleicht ist es Altersweisheit. Auch in Lebensgefahr gerät das Tier nicht in Panik, überlegt einen Ausweg und zieht ruhig und geschickt seinen Plan durch. Dass er den Charakter und das Verhalten der anderen Tiere dabei richtig einschätzen kann, verhilft dem Hasen in solchen Situationen zum Erfolg.

Aufgabe 122

a) Bei dem Löwen verbindet sich die unglaubliche Arroganz und Eigenliebe mit der Dummheit. Er kann nicht dulden, dass noch ein anderer Löwe existiert, der ebenfalls Tiere frisst. Geblendet von Egoismus, Gier und Geiz will er den anderen Löwen beseitigen. Er erkennt nicht, dass es sich um sein Spiegelbild handelt, greift „den anderen" an und ertrinkt.

b) Es könnte um Menschen gehen, die andere wahllos unterdrücken, nur um ihre eigene Machtgier und ihren Egoismus zu befriedigen. Dabei wird darauf hingewiesen, dass man mit solchen Menschen am besten fertig wird, wenn man versucht, sie anhand ihrer eigenen Schwächen zu überlisten.

Aufgabe 123

Nürnberg, den 12. Juni 2005

Lieber Patrick,

eigentlich wollte ich dir ja nicht schreiben ...

XXXXXXXXXXXXXXXXXXXXXXXX Inhalt geheim! XXXXXXXXXXXXXXXXXXX

XXXXXXXXXXXXXXXXXXXXXXXX Inhalt geheim! XXXXXXXXXXXXXXXXX

XXXXXXXXXXXXXXXXXXXXXXXX Inhalt geheim! XXXXXXXXXXXXXXXXXXXXX

Herzliche Grüße,

Sebastian

Aufgabe 124

a) Immer wieder bezieht Kathrin in ihrem Brief die Schwester mit ein:

Liebe Lilly,
sicherlich wunderst du dich, dass ich dir einen Brief schreibe, obwohl ich mein Handy dabeihabe. Vielleicht hast du auch gar nicht sofort Zeit, ihn ganz zu lesen. Hast du in der Schule gerade viel zu tun? Na ja, trotz allem: Ich schreibe dir, weil es hier seit Stunden in Strömen regnet und ich gerade an dich gedacht habe. Wenn du jetzt hier wärst, könnten wir uns mit Reden oder einem Spiel die Zeit vertreiben.
Da du aber nicht hier bist, muss ich alleine sehen, wie ich den langweiligen Tag hinter mich bringe. Ich hätte niemals gedacht, dass man sich so auf die verschiedenen Mahlzeiten eines Tages freuen kann, wie ich es heute empfinde. Beim Essen geht die Zeit wenigstens ein bisschen schneller vorüber. Das Essen selbst ist übrigens ganz gut, gestern gab es sogar eine knusprig gebackene Pizza Funghi, die dir sicherlich auch geschmeckt hätte.
Meine freie Zeit verbringe ich immer mit Sabine. Sie ist zwar fast zwei Jahre älter als ich, aber wir verstehen uns sehr gut. Wir setzen uns oft in die Cafeteria und tun so, als seien wir ganz vornehme Kurgäste. Wir lästern dann meistens über die Leute, die sich außer uns in der Cafeteria herumtreiben. Für die meisten haben wir uns eigene Namen und Geschichten ausgedacht, die oft irgendetwas mit verflossenen Liebschaften und betrogenen Erben zu tun haben. Das hört sich für dich vielleicht komisch an, aber es macht uns wirklich viel Spaß. Sabine hat allerdings heute Besuch von ihren Eltern, so dass ich meine Zeit alleine verbringen muss.

Krank fühle ich mich eigentlich nicht mehr. Doktor Steiner hat auch gesagt, meine Blutwerte seien wieder völlig in Ordnung. Trotz aller Entbehrungen hat sich meine kleine Kur also sehr gelohnt und ich bin jetzt doch froh, dass ihr mich dazu überredet habt. Das Gesicht des Doktors erinnert mich übrigens immer an den seltsamen Freund von Tante Grete, über den wir letztes Jahr an Weihnachten so viel gelacht haben – erinnerst du dich?
So, bevor ich dich weiter mit meinem eintönigen Kurleben langweile, beende ich den Brief lieber. Irgendwie ist es ganz schön, jemanden zu haben, dem man an einem solchen Tag einen Brief schreiben kann – trotz Handy. Ich hoffe, bei euch ist alles in Ordnung. Grüße alle von mir.

Bis bald und viel Spaß in der Schule ☺
Deine Kathrin

b) Der Hauptteil beschäftigt sich inhaltlich mit den Themen:
1. Die Unterbrechung des langweiligen Tagesablaufs durch die Mahlzeiten
2. Der Zeitvertreib mit Sabine
3. Die gesundheitliche Situation

Aufgabe 125

Privater Brief	**Offizieller Brief**	**Möglicher Grund des Unterschieds**
Keine ausführliche Angabe des Absenders im Briefkopf	Ausführliche Angabe des Absenders im Briefkopf	Bei privaten Briefen kennt der Empfänger Namen und Adresse des Absenders
Keine Kurzüberschrift	Kurzüberschrift mit dem Inhalt des Briefes (Betreffzeile)	Beim offiziellen Brief sollte der Empfänger sofort wissen, worum es geht. Er kann dann z. B. einschätzen, wie wichtig der Brief ist. Vielleicht kann er ihn auch sofort an einen zuständigen Mitarbeiter weitergeben.
Verschiedene Anredemöglichkeiten	Festgelegte Anrede *Sehr geehrte/r Frau/Herr* oder *Sehr geehrte Damen und Herren*	Beim offiziellen Brief kennt man den Empfänger nicht. Die Höflichkeit verlangt eine ordnungsgemäße Anrede.
Verschiedene Möglichkeiten für den Abschlussgruß	Festgelegte Grußformel *Mit freundlichen Grüßen*	Auch hier gilt: Bei unbekanntem Empfänger benutzt man die übliche höfliche Formel.

Aufgabe 126 Der Brief könnte etwa so aussehen:

Heike und Heinz Klein
Goethestraße 18
70174 Stuttgart

Stuttgart, den 12. 1. 2005

An das
Schiller-Gymnasium
Schulleitung / Herr Schumann
Neckarstraße 12
70174 Stuttgart

Dauer des Kuraufenthaltes unserer Tochter Kathrin

Sehr geehrter Herr Schumann,

wir hatten uns in einem Telefongespräch am 19. 12. 2004 bereits über den notwendigen Kuraufenthalt unserer Tochter Kathrin Klein (Klasse 6 b) unterhalten. Wie wir es damals verabredet hatten, teilen wir Ihnen nun den endgültigen Termin der Kur mit. Kathrin wird sich zwischen dem 20. Mai und dem 23. Juni 2005 in der Kurklinik „Seemöwe" auf Fehmarn aufhalten. Nach Angaben der Ärzte wird sie die Schule danach ohne weitere Unterbrechung wieder besuchen können.
Über weitere Einzelheiten hatten wir uns ja bereits verständigt. Kathrins Freundin und Klassenkameradin Tanja hat sich bereiterklärt, uns die Materialien der versäumten Unterrichtsstunden zukommen zu lassen.
Wir bedanken uns nochmals ganz herzlich dafür, dass Sie die Beurlaubung unserer Tochter genehmigt haben, und hoffen, dass die Kur die ersehnte Verbesserung von Kathrins Gesundheitszustand mit sich bringen wird.

Mit freundlichen Grüßen
Heike Klein *H. Klein*
Heike und Heinz Klein

Aufgabe 127

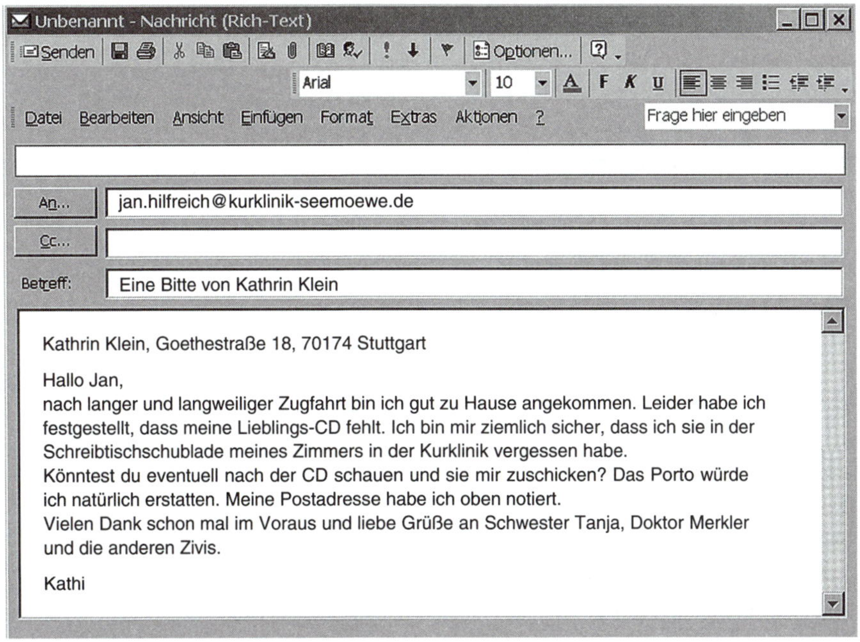
Unbenannt - Nachricht (Rich-Text)

An... jan.hilfreich@kurklinik-seemoewe.de

Cc...

Betreff: Eine Bitte von Kathrin Klein

Kathrin Klein, Goethestraße 18, 70174 Stuttgart

Hallo Jan,
nach langer und langweiliger Zugfahrt bin ich gut zu Hause angekommen. Leider habe ich festgestellt, dass meine Lieblings-CD fehlt. Ich bin mir ziemlich sicher, dass ich sie in der Schreibtischschublade meines Zimmers in der Kurklinik vergessen habe.
Könntest du eventuell nach der CD schauen und sie mir zuschicken? Das Porto würde ich natürlich erstatten. Meine Postadresse habe ich oben notiert.
Vielen Dank schon mal im Voraus und liebe Grüße an Schwester Tanja, Doktor Merkler und die anderen Zivis.

Kathi

Bildquellenverzeichnis

Seite 5 links: Stark Verlag
Seite 5 rechts: A. Carlos Herrera, Stock.XCHNG
Seite 6 oben: Neckermann Versand AG
Seite 6 unten: Neckermann Versand AG
Seite 13 links: Stock.XCHNG
Seite 13 rechts: PhotoCase.de
Seite 14: Terry Alexander, Dreamstime.com
Seite 17: Andreas Steinbach, Dreamstime.com
Seite 18: Scott Rothstein, Dreamstime.com
Seite 20: Stock.XCHNG
Seite 24: Stock.XCHNG
Seite 25 links oben: © Visipix.com
Seite 25 links Mitte: Stock.XCHNG
Seite 25 links unten: Stock.XCHNG
Seite 25 Mitte oben: © Visipix.com
Seite 25 Mitte unten: © Rosa Lienhart / Visipix.com
Seite 25 rechts oben: Stock.XCHNG
Seite 25 rechts Mitte: Josh Ellis, Stock.XCHNG
Seite 25 rechts unten: photosforfree.de
Seite 28: Stark Verlag
Seite 30, 45, 101: W. Söhngen GmbH, Taunusstein
Seite 34: photosforfree.de
Seite 36: Andres Rodriguez, Dreamstime.com
Seite 44 links: Timo Väisänen, Stock.XCHNG
Seite 44 rechts: dyana, Stock.XCHNG
Seite 47: Stark Verlag
Seite 49: © Johannes Mayr
Seite 50: Stock.XCHNG
Seite 53: Andrea Simonato, Stock.XCHNG
Seite 54: © AKG, Berlin
Seite 62: Feuerwehr Langenselbold
Seite 66: © Carl Heymanns Verlag KG, Köln
Seite 67: Stark Verlag
Seite 68: Wikipedia (de) Benutzer KMJ
Seite 70: Odelia Cohen, Dreamstime.com
Seite 75: Neckermann Versand AG
Seite 78: Presseamt der Stadt Trier
Seite 82 oben: David Coleman, Dreamstime.com
Seite 82 unten: Stock.XCHNG
Seite 84 links: Lyn Baxter, Dreamstime.com
Seite 84 Mitte: Stock.XCHNG
Seite 84 rechts: Michael Häckel, Wikipedia (de)
Seite 87: © DaimlerChrysler AG
Seite 89: BMW AG
Seite 90: Neckermann Versand AG
Seite 92: Stark Verlag
Seite 97: Neckermann Versand AG
Seite 98: Neckermann Versand AG
Seite 99: Neckermann Versand AG
Seite 103: Stock.XCHNG
Seite 104 f.: © STAHLGRUBER Otto Gruber GmbH & Co. KG
Seite 110: Stark Verlag
Seite 113: © DaimlerChrysler AG
Seite 114: Stock.XCHNG
Seite 117: Tom Lewis, Dreamstime.com
Seite 122: Scott O'Dell, Insel der blauen Delphine. © für die Umschlagillustration von Dieter Wiesmüller: 1977 Deutscher Taschenbuch Verlag, München
Seite 124: Stock.XCHNG
Seite 126: © ullstein – Bodig
Seite 128: Stock.XCHNG
Seite 131 links: Galina Barskaya, Dreamstime.com
Seite 131 rechts: Dragan Trifunovic, Dreamstime.com
Seite 137: PhotoCase.de
Seite 141: Andres Rodriguez, Dreamstime.com

(Bitte blättern Sie um)